최신 출제 기준에 입각한

한식, 양식, 중식, 일식, 복어
조리산업기사 실기

도서출판 유강

> "한 권의 문학서적과 인문서적은 인생을 바꾸지만,
> 조리 교육에 필요한 전문서적은 희망과 행복을 만듭니다."

한 권의 문학서적과 인문서적은 인생을 바꾸지만, 조리 교육에 필요한 전문서적은 희망과 행복을 만듭니다.

지구상의 모든 음식은 각 나라마다의 고유한 특징을 갖고 있습니다. 각 나라별로 역사의 흐름 속에서 환경, 사회, 경제, 문화적인 차이에 따라 조리도 다양합니다. 대한민국의 직업훈련 정책에 발 맞추어 조리 실무중심 교육을 강화시키고자, 음식서비스 분야의 현장에서 필요로 하는 직무에 체계적으로 적용하여 조리 전문 인력을 양성하도록 노력하였습니다.

조리기능사 자격증 취득 후 현장 경력이 있거나 대학 전공자들은 산업기사 자격증을 취득할 수 있습니다.

한식, 양식, 중식, 일식, 복어 조리산업기사는 한국산업인력공단에서 출제기준으로 정한 항목을 반영하여 제1부에는 한식조리산업기사 실기 32품목을 수록하였고, 제2부에는 양식조리산업기사 실기 5품목을, 제3부에는 중식조리산업기사 실기 15품목을, 제4부에는 일식조리산업기사 실기 15품목을 5부에는 복어조리산업기사 실기 3품목을 수록했습니다.

교사나 학습자가 교재를 고르는 것은 신중해질 수밖에 없습니다. 서점의 많은 책 중에서 책 한 권을 고르는 것보다, 교육 현장에서 가르치며 느낀 그대로의 맞춤형 교재가 필요합니다.

본 교재는 직업훈련 정책과 기술자격 검정 출제 기준에 부응하여, 우수한 조리산업기사 전문가의 배출에 기여하고자 합니다. 이에, 도서출판 유인하 회장님, 봉준호 교수님, 김욱진 선생님, 편집에 수고해주신 씨엠씨 황익상 실장님, 항상 열정으로 공부하면서 가르치는 성남 외식조리 직업전문학교, 성남 제과조리커피 직업전문학교, 성남요리학원의 교사 여러분들께 감사의 인사를 드립니다.

여러분들의 성공을 기원 드립니다.

저자드림

Contents

조리 이론 11 | 조리의 특징 및 조리방법

제1부 한식조리산업기사 실기 32품목

16 | **Chapter 1.**
비빔국수 | 두부전골 | 오이선 | 어채

24 | **Chapter 2.**
칼국수 | 구절판 | 사슬적 | 도라지정과

32 | **Chapter 3.**
편수 | 오이/고추소박이 | 돼지갈비찜 | 율란/조란

40 | **Chapter 4.**
만둣국 | 밀쌈 | 두부선 | 3가지 나물

48 | **Chapter 5.**
규아상 | 닭찜 | 월과채 | 모둠전

56 | **Chapter 6.**
어만두 | 소고기편채 | 오징어볶음 | 튀김(고구마, 새우)

64 | **Chapter 7.**
어선 | 소고기전골 | 보쌈김치 | 섭산삼

72 | **Chapter 8.**
오징어순대 | 우엉잡채 | 제육구이 | 매작과

제2부 양식조리산업기사 실기 5품목

82 | **Chapter 1.**
토마토 쿨리를 곁들인 치킨 룰라드

84 | **Chapter 2.**
타임소스를 곁들인 양갈비구이

86 | **Chapter 3**
비가라드 소스를 곁들인 오리가슴살구이

88 | **Chapter 4.**
앤초비 버터를 곁들인 소안심구이

90 | **Chapter 5.**
타임 벨루테 소스를 곁들인 기름에 저온 조리한 적도미

제3부
중식조리산업기사 실기 15품목

94 | Chapter 1.
삼품냉채 | 광동식탕수육 | 물만두

100 | Chapter 2.
산라탕 | 양장피잡채 | 빠스사과

106 | Chapter 3.
쇼마이 | 피망돼지고기볶음, 깐소새우

112 | Chapter 4.
면보하 | 팔보채 | 궁보계정

118 | Chapter 5.
라조육 | 짜춘권 | 류산슬

제4부
일식조리산업기사 실기 15품목

126 | Chapter 1.
튀김덮밥 | 도미냄비 | 삼색갱

132 | Chapter 2.
닭양념튀김 | 모둠냄비 | 삼색갱

138 | Chapter 3.
광어회 | 소고기양념튀김 | 고등어간장구이

144 | Chapter 4.
된장국 | 꼬치냄비 | 모둠튀김

150 | Chapter 5.
광어회 | 튀김우동 | 달걀말이

제5부
복어조리산업기사 실기 3품목

158 | Chapter 1.
복어회 | 복어맑은탕 | 복껍질굳힘(니꼬고리)

175 | 참고문헌

한식조리산업기사
실기 32품목

Chapter 1

비빔국수 16

두부전골 18

오이선 20

어채 22

Chapter 2

칼국수 24

구절판 26

사슬적 28

도라지정과 30

Chapter 3

편수 32

오이/고추소박이 34

돼지갈비찜 36

율란/조란 38

Chapter 4

만둣국 40

밀쌈 42

두부선 44

3가지 나물 46

Chapter 5

규아상 48

닭찜 50

월과채 52

모둠전 54

Chapter 6

어만두 56

소고기편채 58

오징어볶음 60

튀김(고구마, 새우) 62

Chapter 7

어선 64

소고기전골 66

보쌈김치 68

섭산삼 70

Chapter 8

오징어순대 72

우엉잡채 74

제육구이 76

매작과 78

양식조리산업기사
실기 5품목

Chapter 1

토마토 쿨리를 곁들인
치킨 룰라드 82

Chapter 2

타임소스를 곁들인
양갈비구이 84

Chapter 3

비가라드 소스를 곁들인
오리가슴살구이 86

Chapter 4

앤초비 버터를 곁들인
소안심구이 88

Chapter 5

타임 벨루테 소스를 곁들인
기름에 저온 조리한 적도미 90

중식조리산업기사
실기 15품목

Chapter 1

삼품냉채 94

광동식 탕수육 96

물만두 98

Chapter 2

산라탕 100

양장피잡채 102

빠스사과 104

Chapter 3

쇼마이 106

피망돼지고기볶음 108

깐소새우 110

Chapter 4

면보하 112

팔보채 114

궁보계정 116

Chapter 5

라조육 118

짜춘권 120

류산슬 122

일식조리산업기사
실기 15품목

Chapter 1

튀김덮밥 126

도미냄비 128

삼색갱 130

Chapter 2

닭양념튀김 132

모둠냄비 134

삼색갱 136

Chapter 3

광어회 138

소고기양념튀김 140

고등어간장구이 142

Chapter 4

된장국 144

꼬치냄비 146

모둠튀김 148

Chapter 5

광어회 150

튀김우동 152

달걀말이 154

복어조리산업기사
실기 3품목

Chapter 1

복어회 158

복어맑은탕 160

복껍질굳힘(니꼬고리) 162

산업기사 응시 자격

1. 기능사 등급 이상의 자격을 취득한 후 응시하려는 종목이 속하는 동일 및 유사 직무분야에 1년 이상 실무에 종사한 사람
2. 응시하려는 종목이 속하는 동일 및 유사 직무분야의 다른 종목의 산업기사 등급 이상의 자격을 취득한 사람
3. 관련학과의 2년제 또는 3년제 전문대학졸업자 등 또는 그 졸업예정자
4. 관련학과의 대학졸업자 등 또는 그 졸업예정자
5. 동일 및 유사 직무분야의 산업기사 수준 기술훈련과정 이수자 또는 그 이수예정자
6. 응시하려는 종목이 속하는 동일 및 유사 직무분야에서 2년 이상 실무에 종사한 사람
7. 고용노동부령으로 정하는 기능경기대회 입상자
8. 외국에서 동일한 종목에 해당하는 자격을 취득한 사람

조리 이론

조리의 특징 및 조리 방법

1) 한식 조리

(1) 한식 조리의 특징

한 나라의 식생활 양식이나 풍속은 자연적·사회적·경제적 요인들의 영향을 받으면서 오랜 역사 속에서 형성되었기 때문에 독특한 전통과 다양함을 지니고 있다.

한국음식은 주식과 부식으로 구성된 일상식을 바탕으로 하며, 계절에 따라 생산되는 생선·곡류·채소 등을 사용하여 다양한 부식을 만들었고, 장류·젓갈·김치류 등의 발효식품을 만들어 저장해 두고 먹었다. 절기에 따라 명절음식과 계절음식을 만들어 이웃과 나누어 먹는 풍습이 있었고, 지역마다 특산물을 활용한 향토음식이 발달하여 우리 음식문화의 근간을 이루어 왔다.

(2) 한국음식의 조리법상 특징

① 곡물을 중히 여겨 곡물조리법이 발달하였다.
② 습열조리가 대부분이다.
③ 조미료와 향신료가 많이 사용되나 음식마다 대부분 비슷하게 사용된다.
④ 의식동원(醫食同源), 약식동원(藥食同源)의 기본정신이 배어있다.
⑤ 저장식품이 발달하였다
⑥ 잘게 썰고 다지는 섬세한 조리기술이 요구된다.
⑦ 미리 먹기 좋은 크기로 만들어 조리한다.

2) 양식 조리

(1) 양식 조리의 특징

일반적으로 서양요리의 특징은 식품의 사용이 광범위하고, 식품배합에 따른 음식의 맛과 색, 담는 그릇과의 조화가 잘 이루어지도록 연구되어 있는 것이다.

서양요리는 오븐을 이용한 조리법이 발달하여 간접적인 가열을 많이 하므로 식품의 맛, 색과 향미를 살려 조리할수 있다. 또한 여러 가지 향신료나 포도주를 사용하여 음식의 향미를 좋게 하여 조리법에 어울리는 많은 종류의 소스가 발달되어 있다.

기본 조미료는 소금, 후춧가루, 버터가 주로 사용된다.

(2) 양식 조리 방법(Cooking methods)

식품의 조리는 공기(air), 기름(fat), 물(water), 증기(steam)에 의해서 이루어 진다. 이것들을 흔히 조리 "매개체(meadia)"라고 하는데, 일반적으로 건식열(dry heat)과 습식열(moist heat)의 두 가지 형태로 구분한다.

건식열 조리방법은 공기나 기름을 이용하는데, 철판구이(broiling), 석쇠구이(grilling), 오븐구이(roasting or baking), 볶음(sauteing), 튀김(deep-frying)과 같이 열을 가하되 수분이 동반되지 않고 연기의 향을 최대한 살려주는 조리방법으로 표면의 색이 짙은 밤색으로 변화되는 경우가 많다.

습식열 조리방법은 물이나 수증기를 사용하는 것이다. 습식열 조리방법에는 삶기(poaching), 끓이기(boiling), 찌기(steaming), 은근히 삶기(simmering)와 같은 조리 방법이 있다. 습식 조리방법은 재료의 자연적인 향과 맛을 강조하는 조리방법이다.

이외에도 다른 조리방법은 이 두 가지를 적절하게 혼합하는 복합방식으로 브레이징(braising), 슈트(stewing)등이 있다.

3) 중식 조리

(1) 중식 조리의 특징

중국의 음식문화는 불을 발견하고, 소금을 이용하고, 토기, 청동기, 철기 등의 도구를 사용하면서 시작되어 만한전석(滿漢全席)에 도달하기까지 오랜 세월을 거쳐 오늘에 이르렀다. 이 오랜 세월동안 광활한 대륙과 넓은 해양에서 얻은 다양한 산물과 풍부한 해산물을 이용하여 중국의 조리기술을 크게 발달시켰다. 다양한 재료의 이용, 손쉽고 합리적인 조리법, 음식 종류의 다양성, 풍부한 영양, 풍성한 외양 등이 오늘날의 중국요리의 초석이 되었다. 또한 지역별 풍토, 기후, 풍속, 습관이 다양하여 지방색이 두드러진 독특한 지방 요리로 발전시켰다.

이러한 각 지방의 요리는 잦은 민족의 이동과 더불어 한족과 소수민족으로부터 영향을 받아 다민족적인 음식문화를 이루었고 이는 융합과 동화의 산물이라고 할 수 있다. 즉, 언제나 외부의 새로운 것과 상호교류하고, 쉽게 다른 것을 인정하고수용, 보완하여 일면에서 융합적인 성격이 강하게 나타나지만, 궁극적으로 한족 중심체제로 동화 한다는 것이다. 오늘날의 중국조리는 만한전석(滿漢全席)

의 다양함과 정묘함에 서구의 합리성과 과학성을 더하여 중국 특유의 조리이론과 조리기술로 발전되어 세계적인 요리로 거듭나고 있다.

(2) 중식 조리 방법의 다양성

중국의 조리방법은 사용하는 재료, 재료의 형태, 불의 세기, 조리시간 등 다양한 조건에 따라 조리방법이 달라지기 때문에, 크게 분류하면 몇 십종에 이르며 크게 분류한 각각의 조리방법은 또 여러 가지 작은 유형의 조리법으로 분류된다.

4) 일식 조리

(1) 일식 조리의 특징

일본인들이 일상적으로 먹는 요리의 총칭을 일본 요리라 하며, 다른말로 '와쇼쿠'라고도 한다. 일본 요리는 여러 개의 섬이 길게 뻗어져 있고, 바다로 둘러싸여 있어서 많은 나라와 문화교류가 발달되었으며 요리법도 다른 나라의 요리법에 일본 고유의 식재료를 넣거나 일본의 소스를 넣어 와풍이라 하여 새로운 요리 장르로 발달되고 있다.

지형과 기후의 변화가 많아 계절별 생산되는 재료의 종류가 다양하고, 식재료 보급면에 있어서 풍부한 장점이 있다. 자연에서 조리 방법과 그릇, 담는 방법에 따라 여러 가지 음식의 자연스런 고유의 맛과 멋을 최대한 살릴 수 있는 조리과정으로 만들어 진다.

주로, 쌀을 주식으로 하고, 농산물, 해산물을 부식으로 많이 사용하고, 향신료를 사용하지 않고 재료 자체의 맛을 살려서 맛이 담백하다. '다시'라고 하는 육수를 다양하게 사용하며 다시마, 가다랑어포, 정어리, 고등어, 멸치, 닭고기, 말린 표고버섯 등을 많이 사용한다. 눈으로 먹는 요리라 할 만큼, 색의 조화를 중요시 하고, 특히나 어패류와 해산물을 이용한 요리가 많으므로 신선도와 위생이 무척 중요하다. 1인당 분량이 무척 적으며 섬세한 장식과 계절 감각을 살린다.

(2) 일식 조리 방법

기본 조리법으로는 5미(味), 5색(色), 5법(法)을 기본으로 하며, 최근에 우마미(旨味)라는 감칠맛을 포함하여 6味로 표현하기도 한다.

① 5미(味) : 단맛, 짠맛, 신맛, 쓴맛, 매운맛 (6미 : 감칠맛 + 매운맛)
② 5색(色) : 흰색, 검정색, 노랑색, 빨강색, 파랑색
③ 5법(法) : 날 것, 조림, 구이, 찜, 튀김

◆ 수험자 유의사항 ◆

※ 다음 유의사항을 고려하여 요구사항을 완성합니다.

(1) 조리산업기사로서 갖추어야 할 숙련도, 재료관리, 작품의 예술성을 나타내어야 합니다.
(2) 시설은 지정된 것을 사용하여야 하고 지정된 지참공구목록 이외의 조리기구 또는 재료를 시험장내에 지참할 수 없습니다.
(3) 지급재료는 1회에 한하여 지급되며 재 지급은 하지 않습니다.
 (단, 수험자가 시험 시작 전 지급된 재료를 검수하여 재료가 불량하거나 양이 부족하다고 판단될 경우에는 즉시 시험위원에게 통보하여 교환 또는 추가지급을 받도록 합니다.)
(4) 요구사항의 규격은 "정도"의 의미를 포함하며, 지급된 재료의 크기에 따라 가감하여 채점됩니다.
(5) 위생복, 위생모, 앞치마를 착용하여야 하며, 시험장비, 가스레인지(가스밸브 개폐기 사용), 조리도구 등을 사용할 때에는 안전사고 예방에 유의합니다.
(6) 다음 사항에 대해서는 채점대상에서 제외하니 특히 유의하시기 바랍니다.

> ***기 권**
> 수험자 본인이 시험 도중 시험에 대한 포기 의사를 표하는 경우
> ***실 격**
> ① 불을 사용하여 만든 조리작품이 작품특성에 벗어나는 정도로 타거나 익지 않은 경우
> ② 위생복, 위생모, 앞치마를 착용하지 않은 경우
> ③ 지정된 수험자지참준비물 이외의 조리기구를 사용한 경우
> ④ 시험 중 시설·장비(칼, 가스레인지 등) 사용 시 감독위원 및 타수험자의 시험 진행에 위협이 될 것으로 감독위원 전원이 합의하여 판단한 경우
> ***미완성**
> ① 시험시간 내에 작품을 제출하지 못한 경우
> ② 문제의 요구사항대로 과제의 수량이 만들어지지 않은 경우
> ***오 작**
> ① 구이를 찜으로 조리하는 등과 같이 완성품을 요구사항과 다르게 만든 경우
> ② 석쇠 등 요구사항의 조리기구를 사용하지 않은 경우
> ***요구사항에 표시된 실격, 미완성, 오작 및 부정행위에 해당하는 경우**

(7) 완료된 작품은 지정한 장소에 시험시간 내에 제출하여야 합니다.
(8) 가스레인지 화구는 2개까지 사용 가능합니다.
(9) 작품을 제출한 다음 본인이 조리한 장소의 주변을 깨끗이 청소하고 조리기구를 정리 정돈한 후 시험위원의 지시에 따라 퇴실합니다.
(10) 시험시작 전 가벼운 몸 풀기(스트레칭) 동작으로 긴장을 풀고 시험을 시작합니다.

제1부
한식조리산업기사
실기 32품목

Chapter 1.
비빔국수 | 두부전골 | 오이선 | 어채

Chapter 2.
칼국수 | 구절판 | 사슬적 | 도라지 정과

Chapter 3.
편수 | 오이/고추소박이 | 돼지갈비찜 | 율란/조란

Chapter 4.
만둣국 | 밀쌈 | 두부선 | 3가지 나물

Chapter 5.
규아상 | 닭찜 | 월과채 | 모둠전

Chapter 6.
어만두 | 소고기편채 | 오징어 볶음 | 튀김(고구마, 새우)

Chapter 7.
어선 | 소고기 전골 | 보쌈김치 | 섭산삼

Chapter 7.
오징어순대 | 우엉잡채 | 제육구이 | 매작과

제1과제 비빔국수, 두부전골, 오이선, 어채
시험시간 2시간

1-1 비빔국수

비빔국수는 국수를 삶아 양념장을 넣고 고루 비벼먹는 음식으로 골동면이라고도 한다.

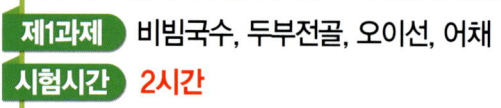

▮ 요구사항

※ 위생과 안전에 유의하여 주어진 재료로 다음과 같이 만드시오.

1) 소고기, 표고버섯, 오이는 0.3cm x 0.3cm x 5cm로 썰어 양념하여 볶으시오.
2) 삶은 국수는 유장처리하고, 황·백지단은 0.2cm x 0.2cm x 5cm로 써시오.
3) 채썬 석이버섯, 황·백지단, 실고추를 고명으로 사용하시오.

만드는 법

1. 오이는 5cm 길이로 잘라 0.3cm 두께로 돌려깎아 채를 썰어 소금에 절였다가 물기를 제거하고, 따뜻한 물에 석이버섯, 표고버섯을 불려 석이버섯은 깨끗이 씻어 가늘게 채썬다.

2. 표고버섯은 물기와 기둥을 제거한 뒤 0.3cm 두께, 5cm 길이로 채를 썰고 소고기는 핏물을 제거한 뒤, 표고버섯 크기로 채썰기를 한다.
3. 간장 1큰술, 설탕 1/2큰술, 다진 파, 다진 마늘, 깨소금, 후추, 참기름을 넣어 양념 장을 만들어 각각 양념을 한다.

4. 팬에 지단을 부치고 0.2cm 두께, 5cm 길이로 채썰어 놓는다.

5. 팬에 오이, 석이버섯, 소고기, 표고버섯 순으로 각각 볶아 식힌다.

6. 끓는 소금물에 국수를 넣고 끓어오를 때 찬물을 부어가며 익힌다.

7. 삶아진 국수는 찬물에 헹군 뒤, 간장 1/2 작은술, 설탕 1/2 작은술, 참기름으로 밑간을 하고 볶아 놓은 오이, 소고기, 표고버섯을 비벼 그릇에 담고 황·백 지단, 석이버섯, 실고추를 고명으로 올려 낸다.

재 료

- 소면 · 70g
- 소고기 (우둔,살코기) · · · · · · · · · · · · · · 30g
- 건표고버섯 (불린 것) · · · · · · · · · · · · · · 1개
- 석이버섯 · 5g
- 오이 · 1/2개
- 달걀 · 1개
- 실고추 · 1g
- 진간장 · 7g
- 대파 · 1cm
- 마늘 · 1쪽
- 소금 · 5g
- 깨소금 · 5g
- 참기름 · 5g
- 검은후춧가루 · 1g
- 흰설탕 · 7g
- 식용유 · 150ml

POINT

1. 비빔국수는 부재료와 고명이 준비된 후 면을 삶아야 불지 않는다.
2. 소면을 삶을 때 찬물을 2~3번 정도 넣어가며 삶으면 물이 넘치지 않고 국수가 빨리 삶아진다.

1-2 두부전골

고기소를 넣은 두부와 채소들을 색깔 맞춰 돌려 담고
육수를 부어 끓이면서 먹는 음식이다.

┃요구사항

※ 위생과 안전에 유의하여 주어진 재료로 다음과 같이 만드시오.

1) 두부의 크기는 3cm × 2.5cm × 0.5cm 정도로 하고 지진 두부와 두부 사이에 고기를 넣어 미나리로 묶어 7개 만드시오.
2) 완자는 지름 1.5cm 정도로 5개 만들어 지져 사용하시오.
3) 달걀은 황·백지단을 부쳐 사용하고, 채소는 5cm 길이로 썰어 사용하시오.
4) 재료를 색 맞추어 돌려 담고 육수를 부어 끓여내시오.

만드는 법

1. 양지머리 고기는 냄비에 물과 향미 채소, 무, 당근을 넣고 끓여 반쯤 익으면 무, 당근은 건져 내고 고기는 푹 삶아서 5cm x 1.5cm x 0.5cm 되게 썰고, 육수는 체에 면보자기 깔아 걸러 내서 간장으로 색 내고 소금으로 간을 맞춘다.

2. 무와 당근, 죽순은 5cm x 1.5cm x 0.5cm 길이로 납작하게 썰고, 숙주는 거두절미하여 끓는 소금물에 넣고 살짝 데치고, 숙주는 소금과 후추로 간하고, 죽순은 빗살무늬 살려 썰고, 양파와 실파는 5cm로 썰고 미나리는 다듬어 반을 끓는 물에 데쳐 낸다.

3. 우둔살의 반은 넓게 채썰어 양념하고, 불린 표고 버섯은 채썰고 양념장을 만들어 양념한다.

4. 두부는 3.5cm x 2.5cm x 0.7로 썰어 소금을 약간 뿌리고 물기를 없앤 후 겉면에 녹말가루를 묻혀 팬에 지진다.

5. 남은 우둔살은 다져서 반은 1.5cm 크기의 완자를 만들어 밀가루, 달걀물을 입혀 팬에 지진다.

6. 달걀은 황·백 지단을 부치고 미나리는 미나리 초대를 만들어 5cm x 1.5cm x 0.3cm로 썰고 은행은 볶아 껍질을 벗긴다.

7. 지진 두부의 두장 사이에 다져둔 우둔살을 얇게 펴서 넣고, 데친 미나리로 열 십자 묶어 준비 한다.

8. 전골 냄비에 ③의 고기채, 숙주는 바닥에 깔고 그 위에 나머지 파, 미나리 초대, 무, 당근, 표고, 죽순, 황·백 지단, 두부를 색스럽게 돌려 담고 완자와 은행을 올린 뒤 ①의 육수를 부어 끓여 낸다.

재 료

- 두부 ·············· 200g
- 소고기 (살코기) ·············· 20g
- 소고기 (사태) ·············· 20g
- 무 (길이 5cm 이상) ·············· 60g
- 당근 ·············· 60g
- 실파 (뿌리) ·············· 40g
- 숙주 (생것) ·············· 50g
- 건표고버섯 (불린 것) ·············· 1개
- 달걀 ·············· 1개
- 양파 ·············· 1/4개
- 미나리 ·············· 40g
- 밀가루 (중력분) ·············· 20g
- 전분 (감자전분) ·············· 30g
- 마늘 ·············· 1쪽
- 대파 ·············· 2cm
- 진간장 ·············· 7g
- 국간장 ·············· 10ml
- 소금 ·············· 5g
- 참기름 ·············· 3g
- 식용유 ·············· 15ml
- 검은후춧가루 ·············· 1g

POINT

1. 지진 두부 두 장 사이에 다진 고기를 넣어 데친 미나리로 열 십자로 묶으면 보기도 좋고 가운데 고기가 빠지지 않는다.
2. 두부전골의 고기는 육수와 채, 완자용을 구분해서 사용한다.
3. 부재료는 일정한 크기로 썰고 육수는 충분히 부어 사용한다.

1-3 오이선

'선'은 궁중조리용어로 좋은 음식이다. 호박, 오이, 가지 등의 채소에 소고기, 표고 등으로 소를 만들어 넣고 찜을 하여 초장이나 겨자즙에 찍어 먹는 음식을 뜻한다.

▌요구사항

※ 위생과 안전에 유의하여 주어진 재료로 다음과 같이 만드시오.

1) 오이를 길이로 1/2등분한 후, 4cm 간격으로 어슷하게 썰어 4개를 만드시오(반원모양).
2) 일정한 간격으로 3군데 칼집을 넣고 부재료를 일정량씩 색을 맞춰 끼우시오.
   (단, 달걀은 황·백으로 분리하여 사용하시오.)
3) 단촛물을 오이선에 끼얹어 내시오.

만드는 법

1. 오이는 소금으로 문질러 씻어 반으로 갈라 4cm 길이로 어슷하게 썬 뒤, 일정간격으로 3곳에 칼집을 넣어 4개의 수량을 낸다.

2. 손질된 오이는 소금물에 절인다.

3. 불린 표고버섯과 소고기는 0.1cm 두께, 3cm 길이로 채썰어 양념장에 버무린다.

4. 달걀은 황·백지단을 부쳐 0.1cm 두께, 3cm 길이로 채썰기를 한다.
5. 팬에 물기 제거한 오이를 볶아내고, 양념된 표고버섯과 소고기를 각각 볶아서 섞어 놓는다.

6. 냄비에 식초 2작은술, 물 2작은술, 설탕 2작은술, 소금 1/3작은술을 넣어 끓인 뒤 식혀 단촛물을 만든다.

7. 오이의 칼집 사이에 황지단, 표고버섯과 소고기, 백지단 순으로 끼워 그릇에 담고 단촛물을 내기 직전에 끼얹는다.

재 료

- 오이 2/3 ················· 4개
- 건표고버섯 불린 것 ············· 1개
- 소고기 살코기 ················· 20g
- 달걀 ························ 1개
- 식용유 ···················· 15ml
- 소금 ······················ 15g
- 흰설탕 ······················ 7g
- 식초 ····················· 10ml
- 대파 ······················ 1cm
- 마늘 ······················ 1쪽
- 진간장 ······················ 7g
- 검은후춧가루 ··················· 1g
- 참기름 ······················ 2g
- 깨소금 ······················ 5g

POINT

1. 절인 오이는 센 불에서 빨리 볶아야 파랗고 아삭아삭하다.
2. 단촛물은 제출하기 직전에 끼얹어야 오이 색이 변하지 않고 촉촉해 보인다.

1-4 어채

흰살 생선과 채소에 녹말가루를 묻혀 끓는 물에 데친 다음 식혀 초고추장에 찍어 먹는 음식이다.

요구사항

※ 위생과 안전에 유의하여 주어진 재료로 다음과 같이 만드시오.

1) 생선살은 3 cm × 4 cm 정도의 크기로 썰어 6개 만드시오.
2) 오이 껍질부분, 황·백지단, 홍고추는 2 cm × 4 cm 크기로 각 3개씩 썰고, 표고버섯도 같은 크기로 써시오.
3) 초고추장을 곁들여 내시오.

만드는 법

1. 생선살은 3cm×4cm 정도의 크기로 포를 떠서 6개 만들고, 청주, 소금, 생강즙, 흰후추로 밑간 한다.

2. 달걀은 황·백 지단으로 부쳐서 2cm×4cm 골패형 크기로 썬다. 잣은 고깔을 떼고 가루로 만든다.

3. 오이는 돌려 깎고, 홍고추는 반 갈라 씨를 빼고 2cm x 4cm 크기로 썰고, 표고 버섯과 석이 버섯도 손질하여 2cm x 4cm 크기로 썬다.

4. 냄비에 소금을 약간 넣고 준비한 재료 ①, ③에 녹말가루를 묻혀 데쳐서 낸다.

5. ④를 찬물에 헹구어 건져 낸다. (2~3번 정도 반복 한다)

6. 접시에 생선살과 위의 재료를 돌려 담고, 초고추장을 곁들여 낸다.

재 료

- 흰살생선 ·················· 200g
- 오이 ·················· 1/3개
- 홍고추 ·················· 2개
- 건표고버섯 (불린 것) ·················· 1개
- 달걀 ·················· 1개
- 전분 (감자전분) ·················· 30g
- 생강 ·················· 20g
- 소금 ·················· 5g
- 흰후춧가루 ·················· 1g
- 청주 ·················· 20ml
- 고추장 ·················· 10g
- 식초 ·················· 10ml
- 흰설탕 ·················· 7g
- 식용유 ·················· 15ml

POINT

1. 어채는 흰살 생선인 대구, 광어, 도미, 민어 등 횟감에 녹말을 묻혀 끓는 소금물에 살짝 익힌 부드러운 맛의 숙회이다.

제2과제 칼국수, 구절판, 사슬적, 도라지 정과
시험시간 2시간

2-1 칼국수

국수는 원래 반죽을 눌러 풀잎처럼 만들었다는 수인병, 그 후 반죽을 누르면서 늘렸던 박탁, 칼과 도마가 나오면서 반죽을 밀어 칼로 썰었다 하여 칼국수가 되었다.

요구사항

※ 위생과 안전에 유의하여 주어진 재료로 다음과 같이 만드시오.

1) 국수의 굵기는 두께가 0.2cm, 폭은 0.3cm가 되도록 하시오.
2) 멸치는 육수용으로 사용하시오.
3) 애호박은 돌려깎아 채썰고, 표고버섯은 채 썰어 볶아 실고추와 함께 고명으로 사용하시오.
4) 국수와 국물의 비율은 1:2 정도가 되도록 하시오.

만드는 법

1. 냄비에 머리와 내장을 제거한 뒤 살짝 볶는다.

2. 냄비에 물 4컵과 볶은 멸치, 마늘, 대파를 넣고 끓여 육수가 우러나면 체에 걸러 간장으로 색을 내고 소금으로 간을 한다.

3. 밀가루 12큰술에 물과 소금을 넣어 반죽 하여 마르지 않게 비닐에 싸거나 면보자기를 덮어 숙성시킨다.

4. 호박은 돌려깎아 채썰어 소금에 절였다가 물기를 제거하고, 표고버섯도 물기 제거 후 기둥을 자르고 채썰어 간장, 설탕, 참기름으로 밑간을 한다.
팬에 식용유를 두르고 호박, 표고버섯을 볶아내고 실고추는 2cm 길이로 자른다.

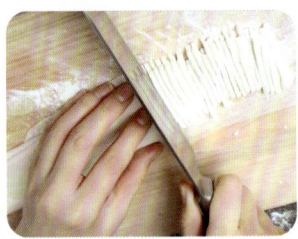

5. 반죽은 0.1cm 두께, 0.2cm 폭으로 썰어 끓는 육수에 넣어 붙지 않도록 저어 가며 익힌다.

6. 그릇에 칼국수를 담고 국물을 부은 다음 호박, 표고버섯 실고추를 고명으로 얹는다.

재 료

- 밀가루 (중력분) ·················· 100g
- 멸치 (장국용 (대)) ··············· 20g
- 애호박 ······························· 1/2개
- 건표고버섯 (불린 것) ··········· 1개
- 실고추 ································ 1g
- 마늘 ··································· 1쪽
- 대파 ··································· 2cm
- 식용유 ······························· 10ml
- 소금 ··································· 5g
- 국간장 ······························· 10ml
- 참기름 ······························· 7ml
- 흰설탕 ······························· 20g

POINT

1. 덧가루를 남긴다.
2. 국수를 썰고 난 뒤 밀가루를 충분히 털어준다.
3. 국수를 삶을 때 센불로 끓이다가 약불에서 면을 익힌다.
(센불에서 끓이면 국물이 혼탁해진다.)

2-2 구절판

아홉칸으로 나뉘어 있는 그릇의 이름으로 채소와 소고기, 버섯, 밀전병 등 아홉 가지 재료를 돌려 담고 밀전병에 여러 가지 채를 싸서 겨자즙이나 초간장에 찍어 먹는 음식이다.

요구사항

※ 위생과 안전에 유의하여 주어진 재료로 다음과 같이 만드시오.

1) 채소는 5 cm × 0.2 cm × 0.2 cm 정도의 크기로 채 썰어 사용하시오.
2) 밀전병은 직경 6 cm 정도의 크기로 7개 만드시오.
3) 밀전병 사이에 비늘잣을 고명으로 얹으시오.

만드는 법

1. 밀가루와 물을 섞고 소금을 넣어 멍울이 없도록 풀어 체에 거른다.
(부치기 직전에 거르는 것이 좋다)

2. 오이와 당근은 5cm 길이로 돌려깎기 한 후 0.2cm x 0.2cm로 채썰어 소금에 절여 물기를 제거한다.

3. 소고기는 6cm 길이로 채썰고, 표고버섯은 불려서 채썬 후 고기 양념을 한다.

4. 숙주는 거두절미하여 살짝 데쳐서 참기름과 소금으로 양념한다.

5. 석이 버섯은 뜨거운 물에 불려 이끼와 돌귀을 제거하고 물기를 짜서 채썰어 소금, 참기름으로 양념한다.

6. 달걀은 황·백으로 분리하여 지단을 부쳐 0.2cm x 0.2cm x 5cm로 채썬다.

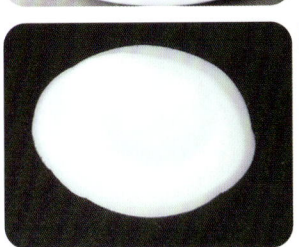

7. 팬에 오이, 당근, 석이 버섯, 고기, 표고 버섯의 순서로 볶아 낸다.

8. 팬에 전병 반죽을 지름 6cm 크기로 밀전병을 부친다.

9. 접시에 볶아 낸 재료를 돌려 담은 후 중앙에 밀전병을 담아 낸다.

재 료

- 소고기 (우둔, 길이 6cm) ……… 80g
- 오이 ……………………………… 1/2개
- 당근 (길이 7cm 정도) …………… 60g
- 달걀 ……………………………… 2개
- 석이버섯 ………………………… 5g (5장)
- 건표고버섯 (불린 것) …………… 2개
- 숙주 (생것) ……………………… 60g
- 밀가루 (중력분) ………………… 60g
- 잣 ………………………………… 5g
- 진간장 …………………………… 15ml
- 마늘 ……………………………… 1쪽
- 대파 ……………………………… 1cm
- 검은후춧가루 …………………… 2g
- 참기름 …………………………… 7ml
- 흰설탕 …………………………… 20g
- 깨소금 …………………………… 5g
- 식용유 …………………………… 20ml
- 소금 ……………………………… 5g

POINT

1. 모든 재료의 채는 고르고 얇게 썰고, 센 불에서 재빨리 볶아서 식혀야 색깔이 선명해진다.
2. 당근과 오이는 소금물에 절여서 살짝 볶아야 숨이 죽어 동그랗게 돌려 담을 수 있다.
3. 밀전병의 장식(대추, 잣)이 나오지 않으면 밀전병만 담아 낸다.
4. 밀전병을 얇게 부쳐야 하고 채소는 일정하게 채썰어야 한다.

2-3 사슬적

사슬적은 사슬 모양으로 꿰었다고 해서 붙여진 이름이다.

요구사항

※ 위생과 안전에 유의하여 주어진 재료로 다음과 같이 만드시오.
1) 사슬적은 폭 6cm, 길이 6cm 정도 되게 하시오.
2) 소고기는 다져 사용하시오.
3) 사슬적은 2개 제출하고, 잣가루를 고명으로 하시오.

만드는 법

1. 생선살은 껍질을 벗겨서 6×1.2cm 크기로 썰어 6개 준비하여 소금, 흰 후추, 생강즙으로 밑간한다.
(완성작 : 가로, 세로 6×6cm)

2. 두부는 수분을 제거 후 으깨고, 고기는 핏물을 뺀 후 다져서(1:3) 파, 마늘, 소금, 설탕, 깨, 후추, 참기름으로 양념하여 잘 치대어 준다.

3. 밑간한 생선은 수분을 제거하여 밀가루를 묻혀 꼬지에 끼운다.

4. 양념한 고기를 7×1.5cm 정도 크기의 막대 모양 4개를 만들어 밀가루를 묻혀서 생선 사이를 채운다.

5. 밀가루를 묻혀 고기와 생선이 분리되지 않게 모양을 만든 후 지져낸다.

6. 잣가루를 내어 보기 좋게 뿌린다.

재료

- 생선살(껍질있는채로 3장뜨기한것) … 200g
- 소고기 (우둔) …………………… 50g
- 두부 ……………………………… 40g
- 밀가루 (중력분) ………………… 60g
- 잣 ………………………………… 5g
- 흰설탕 …………………………… 20g
- 대파 ……………………………… 1cm
- 마늘 ……………………………… 1쪽
- 산적꼬지 (10cm 이상) …………… 4개
- 생강 ……………………………… 20g
- 진간장 …………………………… 15ml
- 소금 ……………………………… 5g
- 흰후춧가루 ……………………… 1g
- 깨소금 …………………………… 5g
- 참기름 …………………………… 7ml
- 식용유 …………………………… 20ml

POINT

1. 소고기는 수축되어 크기가 작아지므로 생선살보다 1cm 정도 더 길게 하여야 한다.
2. 밀가루를 잘 묻혀야 생선살과 고기가 떨어지지 않는다.

2-4 도라지 정과

도라지를 설탕과 꿀에 졸인 정과이다.

요구사항

※ 위생과 안전에 유의하여 주어진 재료로 다음과 같이 만드시오.

1) 도라지는 5 cm x 1 cm x 0.6 cm 정도로 자르고 데쳐서 사용하시오.
2) 설탕과 물엿을 사용하여 윤기 나게 졸여 전량 제출하시오.

만드는 법

재 료

- 통도라지 (껍질 있는 것) ············ 100g
- 소금 ································· 10g
- 흰설탕 ······························ 20g
- 물엿 ································· 60g

1. 통도라지는 돌려가면서 껍질을 벗겨낸다.

2. 5×1×0.6cm 정도로 자른 후 살짝 두드려 준다.

3. 소금물에 담그어 아린 맛과 쓴맛을 우려낸 후 끓는 물에 살짝 데쳐낸다.

4. 냄비에 도라지, 설탕, 소금을 넣고 도라지가 잠길 정도로 물을 부어 강불에서 끓인다.

5. 끓기 시작하면 불을 약하게 줄여 물엿 반을 넣고 뚜껑을 덮어 투명해질 때까지 서서히 조려서 국물이 자작해 지면 나머지 물엿(꿀)을 넣어 윤기 나게 졸인다.

6. 정과를 체에 밭쳐 5~10분 정도 시럽을 빼고 담는다.

POINT

1. 통도라지는 살짝 삶아야 부서지지 않는다.
2. 도라지는 약불에서 서서히 조려 정과가 투명해질 때까지 조린다.
3. 자주 젓지 않도록 한다.

제3과제 편수, 오이/고추소박이, 돼지갈비찜, 율란/조란

시험시간 2시간

3-1 편수

만두피에 고기와 채소를 소로 넣고 네모지게 빚어 찐 다음 시원한 장국에 띄워 먹는 여름 음식이다. 물 위에 조각이 떠 있는 모양이라고 해서 편수라 한다.

요구사항

※ 위생과 안전에 유의하여 주어진 재료로 다음과 같이 만드시오.

1) 만두피는 8cm × 8cm 정도의 크기로 만드시오.
2) 소와 잣을 하나씩 넣은 편수를 5개 만드시오.
3) 육수를 내어 기름기를 제거하고 차게 식힌 다음 편수를 넣어 내시오.

만드는 법

1. 밀가루(중력분)에 소금 넣어 반죽한다.

2. 소고기(양지)는 핏물 제거 후, 향미채를 넣어 육수를 만들고, 차게 식혀 면보에 걸러 기름기를 제거하고 국간장, 소금으로 간한다.

3. 소고기(우둔살)는 핏물 제거 후 곱게 다져 파, 마늘, 설탕, 참기름, 깨소금, 후추, 간장으로 양념하여 볶아서 식히고, 불린 표고 버섯은 가늘게 채썰어 고기 볶은 후에 볶아낸다.
숙주는 소금 넣어 데쳐서 찬물에 헹군 후 물기를 짜서 송송 썰고, 애호박은 돌려깎기 하여 곱게 채썰어 소금에 살짝 절였다가 물기 제거 후 기름에 볶아서 식힌다.

4. ③을 파, 마늘 다진 것, 소금, 설탕, 참기름, 깨소금, 후추, 간장 넣어 섞어서 소를 만든다.

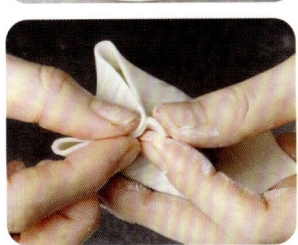

5. 만두 반죽을 얇게 밀어 가로, 세로 8cm의 정사각형으로 잘라 도마 위에 펴놓고, 소 넣고 잣을 한 개씩 넣어 네 귀를 모아서, 맞닿은 자리를 마주 붙여서 네모지게 빚는다.

6. 찜통이 끓을 때 편수를 넣어서 쪄내고 식힌 후, 그릇에 담아 차게 식혀 둔 육수를 부어 담아낸다.

재 료

- 소고기 (우둔) ·············· 60g
- 소고기 (양지) ·············· 30g
- 건표고버섯 (불린 것) ·············· 1개
- 애호박 ·············· 1/4개
- 숙주 (생것) ·············· 30g
- 잣 ·············· 5g
- 밀가루 (중력분) ·············· 70g
- 대파 ·············· 1cm
- 마늘 ·············· 1/2쪽
- 소금 ·············· 10g
- 흰설탕 ·············· 10g
- 참기름 ·············· 10ml
- 깨소금 ·············· 5g
- 검은 후춧가루 ·············· 1g
- 진간장 ·············· 20ml
- 국간장 ·············· 10ml

POINT

1. 만두피 반죽을 하여 비닐이나 랩에 싸서 10분~20분 정도 숙성시키면 반죽 상태가 좋아져서 밀기가 잘된다.
2. 만두소에 들어갈 재료는 곱게 채썰고 수분이 적어야 좋다.
3. 편수 국물은 색깔이 너무 진하지 않게 한다.

3-2 오이/고추소박이

소금에 절인 오이와 고추에 소를 채워 만드는 음식이다.
오이소박이는 오이의 독특한 향과 씹히는 질감이 좋고 깔끔하고 담백하다.
고추소박이는 비타민 C가 풍부하여 피로회복에 좋다.

요구사항

※ 위생과 안전에 유의하여 주어진 재료로 다음과 같이 만드시오.

1) 오이소박이는 길이 6 cm 정도로 3개 만들고, 부추는 0.5 cm 정도 길이로 소를 만드시오.
2) 풋고추는 꼭지부분을 1㎝정도 남기고 길이대로 칼집을 넣어 소금물에 절여 사용하시오.
3) 고추소박이 소는 무 2㎝길이로 채 썰고, 부추, 쪽파, 생강도 같은 길이로 썰어 멸치액젓을 사용하여 만드시오.
4) 풋고추에 소를 채워 잣을 2~3개씩 박아 5개를 만들고 국물을 부어 담아 제출하시오.

만드는 법

1. 오이는 소금으로 문질러 돌기를 제거하며 씻고, 6cm 길이로 3토막 내어 양끝 1cm를 남기고 열십자로 칼집을 내어 준다.

2. 풋고추의 꼭지 부분을 1cm 정도 남기고 칼집을 1줄 길게 넣는다.

3. 오이와 풋고추를 소금물에 담그고, 소금을 뿌려 절여둔다.

4. 부추 0.5cm 길이로 송송 썰고, 파, 마늘, 생강 다진 후, 고춧가루, 소금, 멸치액젓(또는 물)으로 양념하여 버무려 소를 만든다.

5. 무, 생강을 2cm 길이로 채 썰고, 부추, 쪽파, 2cm 길이로 썰고, 소금, 멸치액젓으로 양념하여 버무려 소를 만든다.

6. 절인 오이는 물기를 제거하여, 소를 채워 넣고 그릇에 담는다.

7. 절인 풋고추에 소를 채워 넣고 잣을 2~3개 박아 5개를 그릇에 담고, 남아 있는 국물을 끼얹어 준다.

8. 오이는 소를 버무렸던 그릇에 물을 부어 국물을 만들고, 오이소박이 위에 국물을 끼얹어 깔끔하게 담아낸다.

재료

- 오이 · 1개
- 풋고추 · · · · · · · · · · · · · · · · · 5개
- 무 · 50g
- 부추 · · · · · · · · · · · · · · · · · · · 40g
- 쪽파 뿌리 · · · · · 20g (실파 대체 가능)
- 멸치액젓 · · · · · · · · · · · · · · · 20ml
- 마늘 · · · · · · · · · · · · · · · · · · · 1쪽
- 생강 · · · · · · · · · · · · · · · · · · · 15g
- 대파 · · · · · · · · · · · · · · · · · · · 2cm
- 소금 · · · · · · · · · · · · · · · · · · · 20g
- 고춧가루 · · · · · · · · · · · · · · · 10g
- 잣 · 5g

 POINT

1. 오이, 풋고추 칼집을 낼 때 신경써서 주의해야 한다.
2. 시간이 부족할 경우, 미지근한 소금물에 절여야 빨리 절여진다.
3. 소를 버무릴 때 부추가 뭉글어지지 않게 가볍게 버무리도록 한다.
4. 소를 넣을 때 오이는 3등분, 고추는 5등분해 놓고 넣어야, 골고루 소를 채울 수 있다.

3-3 돼지갈비찜

예로부터 우리나라에서는 돼지가 풍요와 다복의 상징으로 여겼으며, 단백질, 지방, 비타민, 칼슘이 풍부한 영양 공급원이어서 부위별 다양한 조리법이 있다.

요구사항

※ 위생과 안전에 유의하여 주어진 재료로 다음과 같이 만드시오.
1) 갈비는 핏물을 제거하여 사용하시오.
2) 감자와 당근은 3cm 정도 크기로 잘라 모서리를 다듬어 사용하시오.
3) 갈비찜은 잘 무르고 부서지지 않게 조리하고, 전량의 갈비를 국물과 함께 담아 제출하시오.

만드는 법

1. 돼지갈비는 5cm 정도로 토막을 내어 찬물에 담가 핏물을 제거한다.

2. 당근과 감자는 3cm 크기로 썰어 모서리를 제거하고 양파는 4cm 길이로 썬다.

3. 홍고추는 4cm 길이로 어슷하게 썰어 씨를 제거한다.
4. 파, 마늘, 생강은 곱게 다진 뒤 간장 2큰술, 설탕 1큰술, 참기름, 후추, 깨소금을 넣어 양념장을 만든다.

5. 끓는 물에 핏물을 제거한 돼지갈비를 데쳐 찬물에 헹군다.

6. 데친 돼지갈비에 기름기를 제거하고 잔칼집을 넣는다. 냄비에 돼지갈비를 담고 물 1컵, 양념장 1/2을 넣어 끓인 뒤, 당근, 감자, 양념장 1/2을 마저 넣어 다시 한번 끓이고, 양파와 홍고추를 넣어 익혀 완성 한다. 중간 중간 국물을 끼얹어 모든 재료에 윤기가 나도록 한다.

7. 완성그릇에 돼지갈비와 감자, 당근, 양파, 홍고추를 담고 조린 국물 2큰술을 담는다.

재 료

- 돼지갈비 (5cm 토막) ············· 200g
- 감자 (150g정도) ····················· 1/2개
- 당근 (길이 7cm 정도) ············· 50g
- 양파 ························· 1/3개
- 홍고추 ······················ 1/2개
- 대파 ························· 1cm
- 마늘 ······················· 1/2쪽
- 생강 ························· 5g
- 진간장 ······················ 30ml
- 흰설탕 ······················ 10g
- 검은후춧가루 ··················· 2g
- 깨소금 ······················ 5g
- 참기름 ······················ 10ml

POINT

1. 찜요리는 수분과 증기에 의해 익어야 되므로 뚜껑을 덮어 익히는 조리과정을 보여준다.
2. 감자, 당근이 충분히 익어야 되고 양파가 무르지 않아야 된다.
3. 완성품에 국물을 반드시 끼얹어 제출한다.

3-4 율란/조란

율란은 날밤을 삶아서 어레미에 내리거나 절구에 찧어 계핏가루와 꿀로 반죽해서 다시 밤 모양으로 빚어 잣가루를 무치거나 계핏가루를 묻혀 모양을 낸 음식이다. 조란은 대추살을 곱게 다져 설탕 등을 넣고 조려 대추모양으로 만든 음식이다.

요구사항

※ 위생과 안전에 유의하여 주어진 재료로 다음과 같이 만드시오.
1) 율란에 묻히는 고명은 잣가루를 사용하시오.
2) 대추 모양의 한쪽에만 잣을 박아내시오.
3) 율란과 조란 각각 5개를 만들어 제출하시오.

만드는 법

1. 밤은 삶거나 쪄서 껍질을 벗긴 후, 소금을 넣고 체에 내린다.

2. ①에 계피가루 꿀을 넣어 고루 버무려 한 덩어리로 뭉쳐서 밤 모양으로 빚는다.

3. ②의 밑둥에 꿀을 바르고 잣가루를 묻혀 낸다.

4. 대추는 씻어 김이 오른 찜통에 15분 정도 살짝 찐다.
5. 씨를 발라 내고 곱게 다진다.

6. 냄비에 물, 설탕, 꿀을 넣어 끓으면 다진 대추를 넣고 나무 주걱으로 저으면서 수분이 완전히 없어질 때까지 은근히 5분 정도 조린 후 계피가루를 넣고 식힌다.

7. 조린 대추를 원래의 대추 모양으로 빚어서 꼭지 부분에 통잣을 끼워 반쯤 나오게 한다. 잣 박힌 쪽을 위로 향하도록 하여 그릇에 담는다.

재 료

- 밤 (껍질있는 것) ·············· 10개
- 건대추 ························ 15개
- 계피가루 ······················ 20g
- 꿀 ···························· 70g
- 잣 ···························· 20g

POINT

1. 생밤을 물기 없이 삶아야 만들기 쉽고 볼품이 있다. 반죽할 때도 반죽의 정도를 보아가며 꿀을 조금씩 넣어 반죽이 너무 질어지지 않게 한다.
2. 잣은 양 끝에 끼우거나 잣가루를 만들어 굴리기도 한다.

| 제4과제 | 만둣국, 밀쌈, 두부선, 3가지 나물 |
| 시험시간 | 2시간 |

4-1 만둣국

만둣국은 빚은 만두를 더운 장국에 넣어 끓여 먹는 겨울음식으로 특히 북쪽지방에서 즐겨 먹는다.

요구사항

※ 위생과 안전에 유의하여 주어진 재료로 다음과 같이 만드시오.

1) 만두피는 지름 8 cm 정도로 하고 소를 넣어 반으로 접어 붙이고 양쪽 끝을 서로 맞붙여 둥근 모양의 만두를 5개 만드시오.
2) 마름모꼴의 황·백지단, 미나리 초대를 고명으로 하시오.

재 료

- 밀가루 (중력분) ············· 60g
- 소고기 (우둔 살코기) ········· 50g
- 두부 ······················· 50g
- 숙주 (생것) ················· 30g
- 배추김치 ··················· 40g
- 미나리 (줄기부분) ············ 20g
- 달걀 ······················· 1개
- 산적꼬지 ··················· 1개
- 국간장 ····················· 10ml
- 대파 ······················· 1cm
- 마늘 ······················· 1/2쪽
- 참기름 ····················· 5g
- 깨소금 ····················· 3g
- 소금 ······················· 5g
- 검은후춧가루 ················ 1g
- 식용유 ····················· 10ml

만드는 법

1. 밀가루 5큰술은 체에 내려 물과 소금을 넣고 반죽하여 비닐이나 젖은 면보자기에 덮어둔다. (덧가루는 남긴다)
2. 찬물에 소고기 일부와 파, 마늘을 넣어 육수를 만들고, 나머지는 다진다.

3. 끓는 물에 소금을 약간 넣고 숙주를 데쳐 다지고 두부는 물기를 제거 후 으깨고 김치는 속을 털어내고 다져서 물기를 꼭 짠다.
4. 준비된 숙주, 두부, 김치, 소고기에 다진 파, 마늘, 소금, 후추, 깨소금, 참기름으로 양념하여 소를 만든다.

5. 팬에 황·백지단을 부쳐내고, 미나리를 꼬치에 꽂아 형태를 잡은 뒤 밀가루와 달걀물을 입혀 지져내어 2cm 마름모꼴로 각각 자른다.

6. 밀가루 반죽을 밀대로 얇고 둥글게 밀어 지름 8cm 정도의 만두피에 소를 넣고 만두를 빚는다.

7. 완성된 육수는 체와 면보자기를 이용하여 거른 뒤 국간장으로 색을 내고 소금으로 간을 하여 육수를 준비한다.

8. 육수가 끓으면 만두를 넣어 끓이다가 떠오르면 그릇에 담고 황·백지단과 미나리초대를 고명으로 띄운다.

POINT

1. 소로 사용되는 재료의 물기를 완전히 제거한다.
2. 만두피의 반죽이 질지 않도록 물의 양을 조절한다.
3. 국물의 색상을 맞춘다.

4-2 밀쌈

고기와 채소를 가늘게 채썰어 양념하여 볶고, 밀전병을 얇게 부친다.
부친 밀전병에 볶아둔 고기와 채소를 말아 싸서
먹기 좋은 길이로 자른 것이다.

▎요구사항

※ 위생과 안전에 유의하여 주어진 재료로 다음과 같이 만드시오.

1) 밀쌈의 지름은 2 cm 정도, 길이는 4 cm 정도로 만드시오.
2) 밀쌈은 8개 제출하고 초간장을 곁들이시오.

만드는 법

1. 밀가루에 소금과 물을 넣고 만들어 체에 내려 밀전병 반죽을 한다.

2. 오이는 5cm 길이로 돌려 깎아 채썰고 소금에 절여 물기를 제거하고, 소고기와 불린 표고 버섯은 곱게 채썰고 당근, 죽순은 5cm 길이로 채 썰어 소금에 절여 물기를 제거한다.

3. 팬에 기름 두르고 오이를 볶아 내고, 죽순채, 당근채는 볶으면서 소금, 참기름으로 간한다. 소고기채, 표고 버섯채는 갖은 양념하여 볶아 낸다.

4. ①의 반죽을 각각 고운 체에 내려서 팬에 기름을 두르고 사각형으로 부친다.

5. 단단하게 말아 준다.

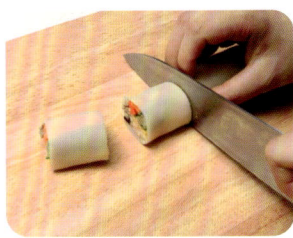

6. 4cm 길이로 썰어서 접시에 보기좋게 담고 초간장을 곁들여 낸다.

재 료

- 소고기 (우둔 살코기) ············· 50g
- 오이 ························· 1/2개
- 당근 (길이 4cm 정도) ············ 30g
- 건표고버섯 (불린 것) ············· 1개
- 달걀 ························· 1/2개
- 죽순 ·························· 20g
- 밀가루 (중력분) ················ 60g
- 식초 ························· 10ml
- 흰설탕 ························ 10g
- 진간장 ························ 5ml
- 대파 ·························· 1cm
- 마늘 ························· 1/2쪽
- 참기름 ························· 5g
- 깨소금 ························· 3g
- 소금 ··························· 5g
- 검은후춧가루 ···················· 1g
- 식용유 ······················· 10ml

POINT

1. 밀쌈은 가능한 한 속 재료가 보일 정도로 얇게 부치고 맛은 담백해야 좋다.

4-3 두부선

으깬 두부와 다진 닭고기를 섞어 평평하게 편 후 황·백 지단, 석이 버섯, 실고추, 잣을 고명으로 얹어 찐 음식으로 겨자즙을 곁들여 먹는다.

요구사항

※ 위생과 안전에 유의하여 주어진 재료로 다음과 같이 만드시오.

1) 두부선의 크기는 3 cm × 3 cm × 1 cm 정도로 9개를 제출하시오.
2) 고명(황·백지단, 석이버섯, 표고버섯, 실고추)은 채 썰고 잣은 비늘잣으로 사용하며, 겨자장을 곁들이시오.

만드는 법

1. 두부는 수분 제거 후 으깬다.

2. 닭고기는 곱게 다진다.

3. 황·백지단을 가늘게 채 썬다(흰자는 조금 남긴다). 표고버섯, 석이버섯은 채 썰고 실고추는 썰고 비늘잣을 준비한다.

4. 두부, 닭고기를 섞어 잘 치댄다.
   (파, 마늘, 깨, 참기름, 후추로 양념)

5. 젖은 면보를 깔고 양념한 두부를 1cm 두께 정사각형으로 만든다. 그 위에 흰자를 살짝 바른 후 고명(황·백지단, 석이, 표고, 실고추)을 올린 후 김이 오른 찜통에 10분 정도 쪄낸 후 식힌다.

6. 두부선을 3×3×1cm 9조각으로 썰어 비늘잣을 얹어 장식하고 겨자장을 곁들여 낸다.

재 료

- 두부 ·············· 100g
- 닭가슴살 ·············· 40g
- 건표고버섯 불린 것 ·············· 1개
- 달걀 ·············· 1/2개
- 석이버섯 ·············· 1g 1장
- 겨자가루 ·············· 20g
- 잣 ·············· 10g
- 실고추 ·············· 1g
- 식초 ·············· 10ml
- 흰설탕 ·············· 10g
- 진간장 ·············· 5ml
- 대파 ·············· 1cm
- 마늘 ·············· 1/2쪽
- 참기름 ·············· 5g
- 깨소금 ·············· 3g
- 소금 ·············· 5g
- 검은후춧가루 ·············· 1g
- 식용유 ·············· 10ml

POINT
1. 완성된 두부선은 균일한 크기로 자른다.
2. 고명은 최대한 가늘게 썰어야 모양이 좋다.
3. 두부선 위에 흰자를 바른 후 고명을 올리면 떨어지지 않는다.

4-4 3가지 나물
(호박나물, 시금치나물, 도라지나물)

애호박, 도라지, 시금치를 각각의 특징을 살려서 3가지 나물로 한 음식으로, 호박과 도라지는 볶고, 시금치는 데쳐서 무친 숙채이다.

요구사항

※ 위생과 안전에 유의하여 주어진 재료로 다음과 같이 만드시오.

1) 애호박은 0.5cm 정도 두께의 반달형으로 썰어 소금에 절이고, 소고기는 다져서 양념하여 호박과 같이 볶아 새우젓으로 간하고 실고추를 고명으로 얹으시오.
2) 도라지는 0.5cm × 0.5cm × 6cm 정도 크기로 식용유에 볶아서 사용하시오.
3) 시금치는 손질하여 뿌리 쪽에 열십자 칼집을 넣어 사용하시오.

만드는 법

1. 시금치를 뿌리 쪽에 열십자 칼집을 넣어 다듬어 깨끗이 씻은 후, 소금물에 살짝 데친다.

2. 도라지는 0.5×0.5×6cm 정도 크기로 썰어 소금을 넣어 주물러 씻어 두고 호박은 0.5cm 정도 두께의 반달형으로 썰어 소금에 절여 둔다.

3. 데친 시금치를 참기름, 깨소금, 파, 마늘, 소금, 간장으로 무친다.

4. 소금에 절여 씻어 둔 도라지를 깨소금, 마늘, 식용유에 볶는다.

5. 소고기를 다져서 간장, 파, 마늘, 참기름, 깨소금, 후추로 양념하여 소금에 절인 호박과 함께 새우젓으로 간하여 볶아 낸다.

6. 호박나물 위에 실고추를 고명으로 올리고, 시금치, 도라지에 깨소금을 살짝 뿌려주고 보기좋게 담아 낸다.

재 료

- 애호박 ······················· 1/2개
- 소고기 ························· 20g
- 통도라지 ····················· 100g
- 시금치 ························ 200g
- 국간장 ························ 10ml
- 새우젓 ·························· 10g
- 실고추 ··························· 1g
- 진간장 ························ 10ml
- 대파 ···························· 1cm
- 마늘 ·························· 1/2쪽
- 참기름 ·························· 10g
- 깨소금 ···························· 3g
- 소금 ····························· 10g
- 검은후춧가루 ···················· 1g
- 식용유 ························ 10ml

제5과제 규아상, 닭찜, 월과채, 모둠전
시험시간 2시간

5-1 규아상

만두피에 소고기와 오이, 표고 버섯을 볶아서 소로 넣고 반으로 접어 주름을 해삼과 비슷하게 만들어 찐 만두이다. 규아상은 여름에 먹는 대표적인 만두로 빚은 모양이 해삼과 비슷하다고 하여 '미만두' 라고도 한다.

요구사항

※ 위생과 안전에 유의하여 주어진 재료로 다음과 같이 만드시오.

1) 표고버섯과 오이는 채 썰고 소고기는 다져서 사용하시오.

2) 잣은 소에 넣으시오.

3) 만두피는 지름 8cm 정도로 하여 6개를 만들고, 초간장을 곁들이시오.

만드는 법

1. 밀가루에 소금물을 넣고 반죽해서 면보자기로 덮어 숙성시킨다.

2. 소고기는 다지고 불린 표고버섯은 채 썰어 갖은 양념을 하고 오이는 돌려깎기 채 썰어 소금에 절였다가 물기를 짠다.

3. 팬에 식용유를 두르고 오이, 고기, 표고버섯 순으로 볶아 식혀 잣과 혼합하여 소를 만든다.

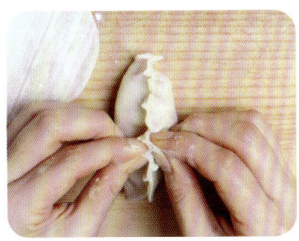

4. ①의 만두 반죽을 지름이 8cm 정도로 얇게 밀어서, 만두피를 평평한 곳에 놓아 소를 넣고 반으로 접어 해삼 모양으로 등에 주름을 잡아가며 빚는다.

5. 찜통에 ④의 만두를 8분 정도 쪄서 낸다.

6. 그릇에 규아상을 담고 초간장을 곁들여 낸다.

재료

- 밀가루 ······ 1c
- 소고기 ······ 50g
- 건표고버섯 (불린 것) ······ 1개
- 오이 ······ 1/3개
- 잣 ······ 10g
- 대파 ······ 1cm
- 마늘 ······ 1/2쪽
- 식초 ······ 10ml
- 진간장 ······ 15ml
- 참기름 ······ 5ml
- 식용유 ······ 5ml
- 흰설탕 ······ 15g
- 소금 ······ 7g
- 깨소금 ······ 3g
- 검은후춧가루 ······ 1g

POINT

1. 쪄낸 만두끼리 서로 달라붙지 않게 엷은 소금물에 참기름을 섞어서 손에 묻혀가면서 만두를 꺼낸다.
2. 규아상에 잣이 빠지지 않도록 한다.
3. 규아상은 투명하며 주름 모양이 일정하게 한다.

5-2 닭찜

닭찜은 토막낸 닭을 채소와 갖은 양념하여 푹 익혀낸 찜 요리로 고명을 넣어서 만든다. 반상, 연회상 차림에 많이 쓰이는 한국식 닭요리이다.

요구사항

※ 위생과 안전에 유의하여 주어진 재료로 다음과 같이 만드시오.

1) 닭은 4 ~ 5cm 정도의 크기로 토막을 내시오.
2) 닭은 끓는 물에서 기름을 제거하여 사용하고, 토막 낸 닭은 부서지지 않게 조리하시오.
3) 황·백지단은 완자(마름모꼴)모양으로 만들어 각 2개씩 고명으로 얹으시오.

만드는 법

1. 닭은 내장과 기름을 제거하고 4~5cm 크기로 토막을 낸 뒤, 찬물에 담가 핏물을 제거한다.

2. 파, 마늘, 생강은 다진다.
3. 당근은 3cm 크기로 썰어 모서리를 다듬고 표고버섯은 큰 것은 4등분, 작은 것은 2등분으로 썰고, 양파는 뿌리를 살려 4cm 길이로 썬다.

4. 끓는 물에 손질된 닭을 끓는 물에서 기름을 제거하고 찬물에 헹궈 불순물을 제거한다.

5. 팬에 황·백지단을 부쳐 마름모꼴로 썰고, 은행은 식용유, 소금을 넣어 볶다가 껍질을 벗긴다.

6. 냄비에 데친 닭을 넣고 양념장 1/2과 물 1컵을 넣어 센불에서 끓이다가 당근을 넣고 부드러워지면 양념장 1/2과 표고버섯, 양파를 약불에서 끓인 뒤 뚜껑을 열어 국물을 끼얹어 가며 윤기나게 조리다가 은행을 넣어 완성한다.

7. 닭찜을 그릇에 담고 황·백지단을 각 2개씩 고명으로 얹은 뒤, 국물 2큰술을 부어준다.

재 료

- 닭 (세로로 반을 잘라 지급) … 1/2마리
- 밤 (껍질 있는 것) …………… 2개
- 당근 (길이 7cm 정도) ……… 50g
- 건표고버섯 (불린 것) ………… 1개
- 달걀 ……………………………… 1개
- 은행 (겉껍질 깐 것) ………… 3개
- 생강 ……………………………… 5g
- 대파 …………………………… 1cm
- 마늘 …………………………… 1/2쪽
- 진간장 ………………………… 20ml
- 참기름 ………………………… 5ml
- 식용유 ………………………… 5ml
- 흰설탕 ………………………… 20g
- 소금 …………………………… 7g
- 깨소금 ………………………… 5g
- 검은후춧가루 ………………… 1g

POINT

1. 당근이 설익거나 양파가 무르지 않도록 주의한다.
2. 재료가 익은 뒤에는 국물을 끼얹어 주며 완성한다.
3. 국물의 양은 조림과 구별되어야 된다.

5-3 월과채

월과채는 나물의 일종으로 애호박은 눈썹 모양으로 썰고 소고기, 버섯채를 양념하여 볶아서 찹쌀 전병과 버무린 음식이다.

▌요구사항

※ 위생과 안전에 유의하여 주어진 재료로 다음과 같이 만드시오.

1) 애호박은 씨를 뺀 다음 눈썹모양으로 썰고, 소고기는 다지고, 표고버섯, 홍고추, 달걀지단은 0.3cm x 0.3cm x 5cm 정도의 크기로 채썰고 느타리버섯은 찢어서 사용하시오.
2) 찹쌀가루는 전병을 부쳐 채소와 같은 길이로 만드시오.

만드는 법

1. 찹쌀가루에 소금, 물을 넣고 되직하게 익반죽을 한다.

2. 애호박은 씨를 뺀 다음, 눈썹 모양으로 썰고, 소금에 절여 물기를 제거한다. 홍고추는 반으로 갈라 씨를 빼서 0.3×0.3×5cm로 채썬다.

3. 표고 버섯은 불려서 0.3×0.3×5cm 크기로 썰고, 느타리 버섯은 데쳐서 찢어 놓고, 소고기를 곱게 다져서 각각 양념한다.

4. 찹쌀 전병을 부쳐 애호박과 같은 크기로 썬다. 황·백지단은 0.3×0.3×5cm 크기로 썬다.

5. 팬에 식용유를 두르고 애호박, 느타리 버섯, 소고기, 표고 버섯을 각각 볶아서 식힌다.

6. 모든 재료를 고루 섞어 소금, 참기름으로 간을 맞추고 그릇에 담아 잣가루를 올린다.
(지단과 전병은 마지막에 무친다)

재 료

- 애호박 ······················· 1/2개
- 느타리버섯 ···················· 30g
- 건표고버섯 (불린 것) ········ 1개
- 소고기 ························ 50g
- 홍고추 (길이로 자른 것) ······· 1/2개
- 달걀 ·························· 1개
- 찹쌀가루 (방앗간에서 불려 빻은 것) ··· 100g
- 대파 ·························· 1cm
- 마늘 ························· 1/2쪽
- 진간장 ······················· 20ml
- 참기름 ························ 5ml
- 식용유 ························ 5ml
- 흰설탕 ······················· 20g
- 소금 ·························· 7g
- 깨소금 ························ 5g
- 검은후춧가루 ···················· 1g

POINT

1. 전병용 익반죽은 너무 묽으면 전병을 부칠 때 찢어질 수 있으므로 되직하게 한다.
2. 느타리버섯은 가늘게 찢도록 한다.
3. 황·백지단과 전병은 부서지지 않게 맨 나중에 넣어 살짝 무쳐 준다.

5-4 모둠전
(표고전, 깻잎전, 애호박전)

표고, 애호박, 깻잎 등 다양한 재료를 전으로 만들어 지져내서 한 접시에 모둠으로 담아낸 것을 말한다.

요구사항

※ 위생과 안전에 유의하여 주어진 재료로 다음과 같이 만드시오.

1) 표고전은 표고버섯과 소를 각각 양념하여 사용하고 3개를 지져내시오.

2) 깻잎전은 소고기, 두부를 소로 사용하여 길이로 맞붙여 3개 지져내시오.

3) 애호박은 0.5cm 두께의 원형으로 썰어 5개 지져내시오.

만드는 법

1. 표고버섯은 미지근한 설탕물에 불린다.

2. 두부는 수분을 제거하여 으깨고, 고기는 핏물 제거 후 파, 마늘, 간장, 참기름, 설탕, 깨소금, 후추로 양념하여 소를 만든다.

3. 불린 표고버섯은 물기를 제거하고 기둥을 떼어낸 뒤 간장, 설탕, 참기름을 혼합한 유장으로 양념하여 표고버섯 안쪽에 바르고 밀가루를 묻혀준다.

4. 표고버섯에 ②의 소를 평평하게 채워 밀가루, 달걀물을 입힌다.

5. 팬에 식용유를 두르고 소를 채운 표고버섯을 익혀 완성한다.

6. 호박은 소금을 뿌려둔 후 물기를 제거하여 밀가루, 계란을 입혀 구워낸다.

7. 깻잎에 밀가루를 묻혀 소를 넣어 반 접어 달걀물을 묻혀 구워낸다.

재 료

- 건표고버섯 ·············· 3개
- 깻잎 (작은 것) ·············· 3장
- 애호박 ·············· 1/2개
- 소고기 ·············· 20g
- 두부 ·············· 20g
- 달걀 ·············· 1개
- 밀가루 (중력분) ·············· 20g
- 대파 ·············· 1cm
- 마늘 ·············· 1/2쪽
- 진간장 ·············· 15ml
- 참기름 ·············· 5ml
- 식용유 ·············· 85ml
- 흰설탕 ·············· 15g
- 소금 ·············· 10g
- 깨소금 ·············· 3g
- 검은후춧가루 ·············· 1g

POINT

1. 다진 소고기와 으깬 두부는 양념을 고루 섞어 끈기가 날 때까지 치대야 익혔을 때 단면이 갈라지지 않는다.
2. 소에 밀가루를 묻힌 후 여분의 밀가루는 반드시 털어 낸다.
3. 표고의 등 쪽에는 밀가루와 달걀물이 묻지 않도록 한다.

제6과제 어만두, 소고기편채, 오징어 볶음, 튀김
시험시간 2시간

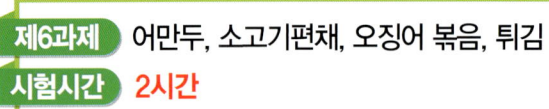

6-1 어만두

흰살 생선으로 만두피를 만들어 소를 넣고 빚어 찌거나 삶은 음식이다.

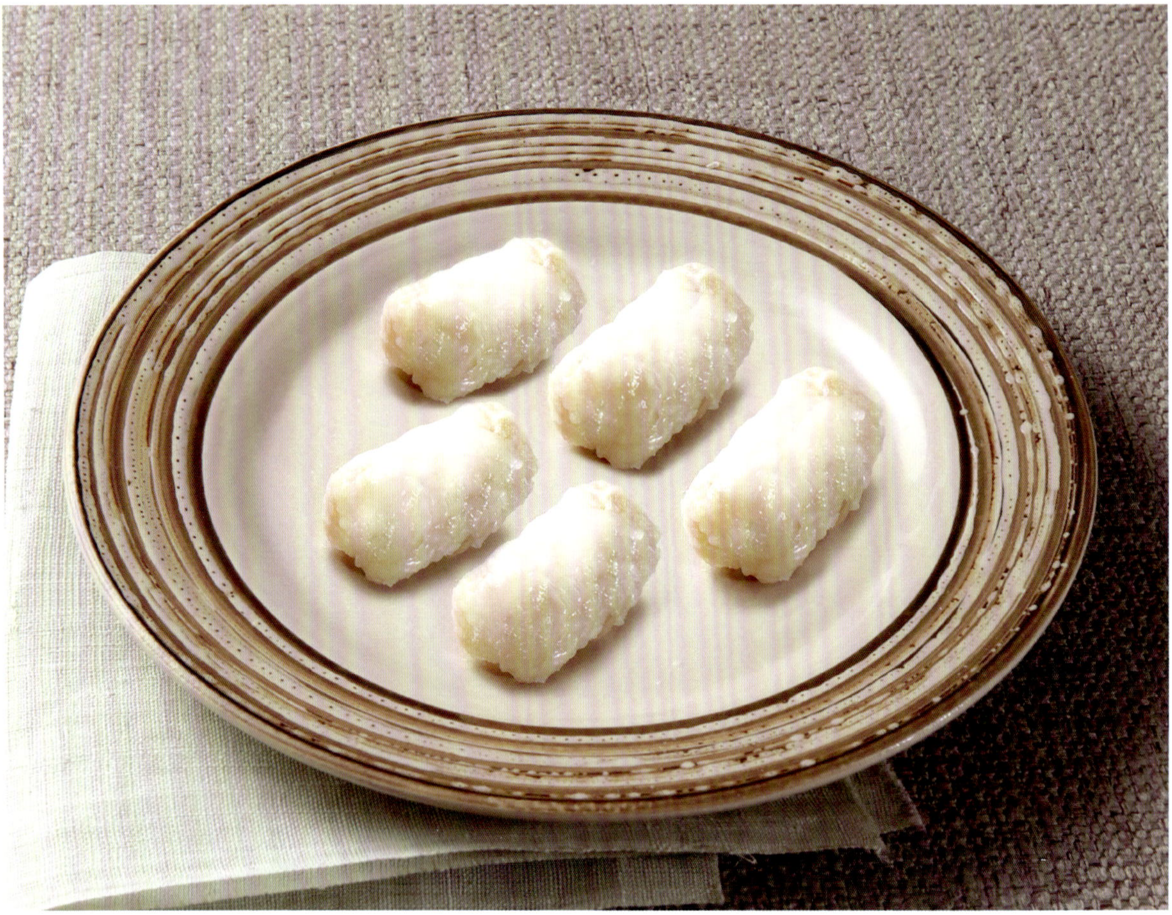

요구사항

※ 위생과 안전에 유의하여 주어진 재료로 다음과 같이 만드시오.

1) 생선살은 폭과 길이가 7 cm 정도 되도록 하시오.

2) 소고기는 곱게 다지고 표고버섯, 목이버섯, 오이는 채를 썰어 사용하시오.

3) 숙주는 데쳐서 사용하시오.

4) 어만두는 5개를 제출하시오.

만드는 법

재 료

- 생선살 (500~800g, 껍질 있는 것) … 200g
- 건표고버섯 (불린 것) ………… 1개
- 목이버섯 ……………………… 1장
- 오이 …………………………… 1/3개
- 숙주 (생것) …………………… 30g
- 소고기 (우둔 살코기) ………… 180g
- 전분 (감자전분) ……………… 30g
- 대파 …………………………… 2cm 정도
- 마늘 …………………………… 1쪽
- 생강 …………………………… 10g
- 흰설탕 ………………………… 7g
- 깨소금 ………………………… 5g
- 참기름 ………………………… 5g
- 흰후춧가루 …………………… 1g
- 소금 …………………………… 10g
- 식용유 ………………………… 20ml

1 생선은 껍질을 벗긴 후 폭과 길이 7~8cm 정도 되게 얇게 펴서 5장 포 떠서 소금과 생강즙, 흰 후춧가루를 뿌린다.

2 다진 소고기, 불린 표고 버섯과 목이 버섯은 곱게 채썰어 합하여 갖은 양념하고, 숙주는 끓는 물에 소금을 넣어 데쳐서 물기를 제거 후 송송 썰어 소금, 참기름에 무친다. 오이는 돌려 깎기하여 채썰어 소금에 절였다가 물기를 짠다.

3 팬에 기름을 두르고 오이, 표고, 목이, 고기 순으로 볶아 펼쳐 식혀 숙주와 섞어 만두소를 만들어 양념 한다.

4 ①의 생선에 수분을 없애고 녹말을 한면에 묻혀 도마 위에 놓는다. 소를 한 큰술씩 떠 놓고 말 때 겉에 녹말을 묻혀 꼭꼭 쥐어 모양을 만든다.

5 찜통에 젖은 면보를 깔고, 생선이 투명 해지도록 10분 정도 찐다.

6 접시에 어만두를 담고, 겨자 초간장을 낸다.

POINT

1. 어만두에 곁들일 재료는 메뉴의 구성이나 지급되는 재료 혹은 요구사항의 지시에 따라 만들 수도 있고 않을 수도 있으니까 지시사항을 정독해야 한다.
2. 어만두는 생선살이 부스러지지 않고 크기가 일정하게 한다.

6-2 소고기편채

소고기를 얇게 썰어 찹쌀가루를 입혀 지진것에 다양한 채소를 채썰어
예쁘게 말아낸 음식이다.

요구사항

※ 위생과 안전에 유의하여 주어진 재료로 다음과 같이 만드시오.

1) 소고기는 두께 0.2 cm, 가로 9 cm, 세로 8 cm 정도로 얇게 썰고, 찹쌀가루를 사용하시오.
2) 깻잎, 양파, 파프리카는 길이 3 ~ 4 cm 정도, 두께 0.2 cm 정도로 채 썰고 무순도
   같은 길이로 써시오.
3) 소고기편채는 4개 만들고 겨자장을 곁들이시오.

만드는 법

1. 겨자는 따뜻한 물로 개어 발효시켜 매운 맛이 나면 설탕, 소금, 식초를 넣어 겨자장을 만든다.

2. 깻잎, 양파, 파프리카는 길이 3~4cm 정도, 두께 0.2cm 정도로 썰고, 무순도 같은 크기로 썰어 양파채는 찬물에 담구어 매운맛을 없앤다.

3. 찹쌀가루는 체에 내리고, 소고기는 0.2×9×8cm 정도로 얇게 썰어 소금, 후춧가루로 간한 후 찹쌀가루를 입힌다.

4. 팬에 기름을 두르고 달궈지면 찹쌀가루를 묻힌 소고기를 한장씩 살짝 지져 낸다.

5. 고기가 식기 전에 ②의 채소를 얹고 고깔 모양으로 말아 준다.
6. 그릇에 소고기 편채를 담고 겨자장을 곁들여 낸다.

재 료

- 소고기(우둔, 살코기) …… 100~120g
- 무순 …………………………… 20g
- 깻잎 …………………………… 2장
- 팽이버섯 ……………………… 40g
- 양파 …………………………… 1/4개
- 붉은 파프리카 ………………… 1/6개
- 찹쌀가루 (방앗간에서 불려 빻은 것) …200g
- 겨자가루 ……………………… 15g
- 흰설탕 ………………………… 7g
- 소금 …………………………… 10g
- 식초 …………………………… 10ml
- 마늘 …………………………… 1쪽
- 진간장 ………………………… 10g
- 검은후춧가루 ………………… 1g
- 식용유 ………………………… 40ml

POINT

1. 소고기는 가열하면 육즙이 빠져 나와 맛과 영양이 손실되므로, 찹쌀가루를 묻혀 이를 방지해 준다.
2. 고기가 식으면 잘 말아지지 않으므로 주의한다.
3. 소고기는 핏물을 없애고 얇게 썰어야 한다.

6-3 오징어 볶음

오징어는 성분 중 단백질이 17%를 차지하는 고단백 식품으로 익으면 소화 흡수율이 좋아 볶음, 구이, 조림, 찌개 등에 많이 사용한다.

▎요구사항

※ 위생과 안전에 유의하여 주어진 재료로 다음과 같이 만드시오.

1) 오징어는 0.3cm 폭으로 어슷하게 칼집을 넣어 5cm × 2cm 정도의 크기로 써시오.
   (단, 오징어 다리는 4cm 길이로 자른다)
2) 고추, 파는 어슷썰기, 양파는 폭 1cm 정도로 썰어 사용하시오.

만드는 법

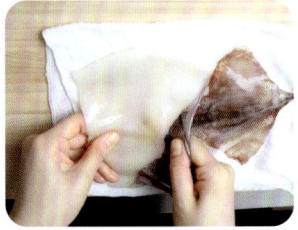

1. 오징어는 반을 갈라 내장을 제거하고 껍질을 벗겨 씻어준다.

2. 손질된 오징어의 안쪽에 0.3cm 간격으로 어슷하게 칼집을 넣고 5cm×2cm, 오징어 다리는 4cm로 썬다.

3. 마늘과 생강은 다지고, 홍고추, 풋고추는 씨를 빼고 어슷썰기, 파도 어슷썰고, 양파는 폭1cm 정도로 썰어 준비한다.

4. 고추장 2큰술, 고춧가루 1큰술, 설탕, 다진 마늘, 다진 생강, 간장 2작은술, 참기름, 깨소금, 후추를 섞어 양념장을 만든다.

5. 팬에 식용유를 두르고 양파를 볶다가 오징어를 넣어 함께 볶는다.

6. 5에 양념장을 넣어 고루 섞어 볶다가 홍고추, 풋고추, 대파를 넣어 완성한다.

재 료

- 물오징어 (250g 정도) ············· 1마리
- 풋고추 ······························· 1개
- 홍고추 ······························· 1개
- 양파 ································ 1/4개
- 대파 (2cm) ························· 정도
- 마늘 ································· 1쪽
- 생강 ································· 10g
- 소금 ································· 10g
- 진간장
- 흰설탕 ································ 7g
- 참기름 ································ 5g
- 깨소금 ································ 5g
- 고춧가루 ····························· 15g
- 고추장 ······························· 50g
- 검은후춧가루 ························· 2g
- 식용유 ······························ 40ml

POINT

1. 오징어 칼집을 넣을 때는 안쪽(내장이 있는 부분)에 넣어야 익었을 때 모양이 좋다.
2. 익으면서 오징어의 크기가 작아지므로 약간 크게 썬다.
3. 물기가 생기지 않도록 센 불에서 재빨리 볶아낸다.

6-4 튀김 (고구마, 새우)

고구마와 새우를 튀김옷을 입혀 튀긴 음식이다.

요구사항

※ 위생과 안전에 유의하여 주어진 재료로 다음과 같이 만드시오.

1) 고구마는 0.3cm 두께 원형으로 잘라 전분기를 제거하여 사용하시오.
2) 새우는 내장을 제거하고 구부러지지 않게 튀기시오.
3) 밀가루와 달걀을 섞어 반죽을 만들고, 튀김은 각 3개씩 제출하시오.
4) 초간장에 잣가루를 뿌려 곁들여 내시오.

만드는 법

1. 고구마는 원형을 이용하고, 0.3cm 두께로 잘라 찬물에 담그어 전분기를 제거한다.

2. 새우는 내장을 제거하고 칼집을 넣는다.

3. 밀가루와 달걀을 섞어 튀김옷을 만들어 둔다.

4. 고구마에 튀김옷을 입혀 기름이 뜨거울 때 튀겨낸다.

5. 새우에 튀김옷을 입혀 구부러지지 않게 튀겨낸다.

6. 초간장에 잣가루를 뿌려 곁들여 낸다.

재 료

- 고구마 ·················· 100g
- 새우 (30~40g 껍질있는 것) ······3마리
- 밀가루 (박력분) ·················· 100g
- 달걀 ·················· 1개
- 잣 ·················· 5g
- 진간장 ·················· 10g
- 흰설탕 ·················· 7g
- 식초 ·················· 10ml
- 식용유 ·················· 500ml
- 키친타올(종이) 주방용 (소 18x20cm) ······3장

POINT

1. 새우는 칼집을 잘 내야 구부러지지 않는다.
2. 튀길 때 윗부분이 먼저 기름에 닿게 넣어 튀긴다.
3. 고구마는 찬물에 담그어 전분기를 뺀 후 수분을 제거한다.

제7과제 어선, 소고기 전골, 보쌈김치, 섭산삼
시험시간 2시간

7-1 어선

어선은 흰살 생선을 넓게 포를 떠서 육류, 채소류, 버섯류 등으로 소를 만들어 넣고 말아서 쪄낸 음식이다. 어선에서 선이란 궁중조리용어로서 좋은 음식을 의미한다.

요구사항

※ 위생과 안전에 유의하여 주어진 재료로 다음과 같이 만드시오.
1) 생선살은 어슷하게 포를 떠서 사용하시오.
2) 돌려깎은 오이, 당근, 표고버섯은 채썰어 볶아 사용하고, 달걀은 황·백지단채로 사용하시오.
3) 속재료가 중앙에 위치하도록 하여 지름은 3cm 정도, 두께는 2cm 정도로 6개를 만드시오.
4) 초간장을 곁들이시오.

만드는 법

1. 생강은 강판을 이용하여 생강즙을 만든다.

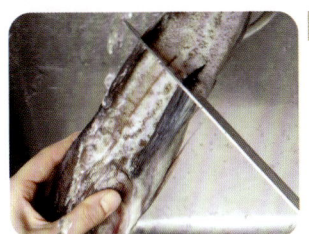

2. 생선은 비늘을 벗긴 후 지느러미를 자르고 머리를 제거한 뒤, 내장을 깨끗이 꺼내고 3장뜨기로 살과 뼈를 분리한다.

3. 포를 뜬 동태살에 껍질을 벗겨 0.3cm 두께로 넓게 포를 떠 소금, 흰후추로 간을 하고 생강즙을 뿌려 비린내를 제거한다.

4. 오이는 5cm 정도 길이로 돌려 깎아 채썰어 소금에 절이고, 당근은 5cm 정도 길이로 일정하게 채썰기를 한다.

5. 표고버섯은 물기를 제거한 뒤 일정한 두께와 길이로 채썰어 간장, 설탕, 참기름으로 양념하여 준비한다.

6. 팬을 식용유로 코팅한 뒤 황·백 지단을 부쳐 채썰기를 하고 오이, 당근, 표고버섯을 각각 차례로 볶아 식힌다.

7. 김발에 젖은 면보자기를 깐 다음 생선살을 빈틈없이 펴고 녹말가루를 바른 뒤 볶은 재료를 놓고 둥글게 말아 김이 오르는 찜솥에 넣어 13분간 찐다.

8. 어선이 식으면 2cm 두께로 6개를 썰어 완성그릇에 담는다.

재 료

- 동태 (500~800g 정도) ········· 1마리
- 오이 ······························· 1/3개
- 당근 ······························· 1/2개
- 건표고버섯 ·························· 2개
- 달걀 ································· 1개
- 전분 (감자전분) ···················· 30g
- 소금 ································ 50g
- 흰후춧가루 ··························· 1g
- 생강 ·································· 5g
- 진간장 ····························· 10ml
- 흰설탕 ······························ 10g
- 참기름 ······························ 5ml
- 식초 ································ 5ml
- 식용유 ····························· 30ml

POINT

1. 생선을 손질하여 포를 뜬 뒤 두들겨 두께를 일정하게 만든다.
2. 속재료는 센불에서 단시간에 볶아준다.
3. 어선이 충분히 식었을 때 썰어 준다.

7-2 소고기 전골

전골의 유래는 상고시대 군사들이 전시 때 머리에 쓰던 철에 고기나 생선 같은 음식을 함께 끓여 먹으면서 여러 가지 재료를 넣은 데서 유래되었다고 한다. 전골은 주재료에 따라 내장전골, 낙지전골, 두부전골, 고기전골, 곱창전골 등으로 나뉜다.

요구사항

※ 위생과 안전에 유의하여 주어진 재료로 다음과 같이 만드시오.

1) 소고기는 육수와 전골용으로 나누어 사용하시오.
2) 전골용 소고기는 0.5cm x 0.5cm x 5cm 정도 크기로 썰어 양념하여 사용하시오.
3) 양파는 0.5cm 정도 폭으로, 실파는 5cm 정도 길이로, 나머지 채소는 0.5cm x 0.5cm x 5cm 정도 크기로 채썰고, 숙주는 거두절미하여 데쳐서 양념하시오.
4) 모든 재료를 돌려 담아 소고기를 중앙에 놓고 육수를 부어 끓인 후 달걀을 올려 반숙이 되게 끓여 잣을 얹어내시오.

만드는 법

1. 고기(육수용)는 찬물에 담가 핏물을 제거 하고 냄비에 물, 소고기, 대파, 마늘을 넣고 끓여서 면보자기에 걸러 간장과 소금으로 간한다.

2. 무, 당근은 길이 5cm, 두께·폭 0.5cm로 썰고 양파는 폭 0.5cm로 썬다.

3. 간장, 설탕, 다진 파, 마늘, 깨소금, 후추, 참기름을 넣어 양념장을 만든다.

4. 숙주는 거두절미하여 소금물에 데친 후 소금 참기름에 양념하고 실파는 5cm 길이로 썰며 불린 표고버섯 길이 5cm, 두께·폭 0.5cm로 썰고 소고기(전골용)는 길이 5cm, 두께 0.5cm로 썰어 양념장에 무친다.

5. 준비한 재료들을 전골냄비에 보기 좋게 돌려담고 양념한 소고기를 가운데 담는 다.

6. ⑤에 육수를 넣고 끓이다가 고기가 익으면 달걀을 고기 위에 올려 반숙이 될 정도로 익으면 불을 끄고 잣을 얹어낸다.

재 료

- 소고기 (우둔, 살코기) ············· 70g
- 소고기 (사태) ······················· 30g
- 건표고버섯 ·························· 3개
- 숙주 (생것) ·························· 50g
- 무 (길이 5cm 이상) ················ 50g
- 당근 ································ 1/2개
- 양파 ································ 1/4개
- 실파 ································ 2뿌리
- 달걀 ·································· 1개
- 잣 ···································· 10g
- 대파 ·································· 4cm
- 마늘 ·································· 1쪽
- 진간장 ······························ 10ml
- 흰설탕 ······························· 10g
- 깨소금 ································ 5g
- 참기름 ······························· 5ml
- 소금 ··································· 5g
- 검은후춧가루 ························ 3g

POINT

1. 육수용 고기는 찬물에 핏물을 제거하고 육수가 탁해지지 않도록 한다.
2. 사태는 육수용이고, 우둔(살코기)은 전골용이다.

7-3 보쌈김치

경기도 개성의 명물인 '보김치', '쌈김치'는 각종 산해진미를 모두 합하여 버무린 다음 절여진 배춧잎으로 싸서 독에 차곡차곡 담아 김칫국을 부어서 익혀 먹는 음식이다.

▌요구사항

※ 위생과 안전에 유의하여 주어진 재료로 다음과 같이 만드시오.

1) 김치 속재료는 3cm 정도로 하고, 무·배추는 나박 썰기, 배·밤은 편 썰기 하시오.
2) 그릇 바닥을 배추로 덮은 후 내용물을 담아, 내용물이 보이도록 제출하시오.
3) 보쌈김치에 국물을 만들어 부으시오.
4) 석이버섯, 대추, 잣은 고명으로 얹으시오.

만드는 법

1. 절인 배추는 줄기와 잎을 분리하여 줄기 부분은 3cm×3cm×0.3cm로 나박썰고 잎부분은 소금에 절여 소로 사용한다.

2. 무는 3cm×3cm×0.3cm로 썰어 배추의 줄기부분과 함께 소금에 절인다.
3. 석이버섯은 불려 채썰기를 한다.

4. 낙지와 굴은 소금물에 씻고, 낙지는 3cm 길이로 썬다.

5. 미나리, 실파, 갓은 3cm 길이로 썰고, 배는 3cm×3cm×0.3cm로 밤은 편썰기를 하며 석이버섯과 대추, 마늘과 생강은 채썰기를 한다.

6. 준비된 재료에 고춧가루, 새우젓, 소금으로 만든 양념장을 넣어 버무린다.

7. 완성그릇에 배추잎을 깔고 버무린 김치를 담은 다음 배춧잎을 그릇 바깥쪽으로 말아 넣고 국물을 부은 다음 대추, 잣, 석이 버섯을 고명으로 얹는다.

재 료

- 절인배추 ············ 1/6포기 (50g정도)
- 무 (길이 5cm 이상) ············· 50g
- 밤 (껍질깐 것) ······················ 1개
- 배 (중) ············· 1/8개 (30g 정도)
- 실파 ···························· 1뿌리
- 갓 (적겨자 대체 가능) ··········· 20g
- 미나리 (줄기부분) ················ 30g
- 건대추 ································ 1개
- 석이버섯 ····························· 1g
- 마늘 ································· 2쪽
- 잣 ···································· 5g
- 생굴 (껍질벗긴 것) ················ 20g
- 낙지다리 (다리 1개 정도, 해동 지급) ··· 50g
- 고춧가루 ··························· 20g
- 소금 ································ 10g
- 생강 ································· 5g
- 새우젓 ······························ 20g

POINT

1. 배춧잎은 오랫동안 절여서 잘 구부러질 수 있도록 하며 무는 살짝 절인다.
2. 보쌈김치는 원래 절여진 배춧잎으로 버무린 소를 완전히 싸서 독에 차곡 차곡 담는 것이지만, 시험장에서는 감독관이 볼 수 있도록 배춧잎을 바깥 쪽으로 모양있게 접어 내용물이 보이게 한다.

7-4 섭산삼

「음식 디미방」에서 섭산삼은 더덕의 별칭으로 생김새가 인삼과 비슷하여 사삼(沙蔘)이라 하기도 한다.

요구사항

※ 위생과 안전에 유의하여 주어진 재료로 다음과 같이 만드시오.
1) 더덕은 끊어지지 않게 잘 펴시오.
2) 찹쌀가루를 골고루 묻혀 바삭하게 튀겨 전량 제출하시오.

만드는 법

1. 더덕은 껍질을 벗겨 5cm 길이로 잘라 편으로 썰어 소금물에 담가 쓴맛을 제거한다.

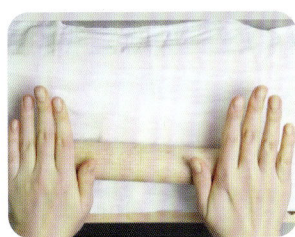

2. 더덕을 면보자기로 감싸준 뒤 방망이로 밀어 편 후 물기 제거한다.

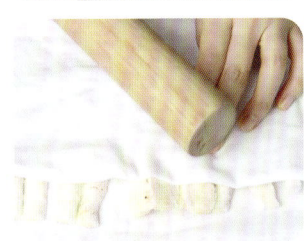

3. 방망이로 자근자근 두들겨 펴준다.

4. 찹쌀가루는 체에 내려서 더덕에 찹쌀가루를 골고루 묻혀서 둔다.

5. 160℃ 기름에 찹쌀가루를 입힌 더덕을 하얗고 바삭하게 튀긴다.

6. 설탕을 뿌려 보기 좋게 담아 낸다.

재 료

- 더덕 (중) ·················· 3~4개
- 찹쌀가루 (방앗간에서 불려 빻은 것) ··· 50g
- 소금 ························· 10g
- 식용유 ···················· 470ml

POINT

1. 껍질은 옆으로 돌려가면서 벗긴 다음 얇게 저며가며 소금물에 담가서 떫은 맛을 뺀다.
2. 잘게 찢어 전을 부치면 또 다른 별미이다.

제8과제 오징어순대, 우엉잡채, 제육구이, 매작과

시험시간 2시간

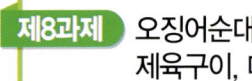

8-1 오징어순대

물 오징어 내장을 꺼낸 후 그 속에 두부, 채소 등의 소를 만들어 속을 채운 후 익혀서 낸다.

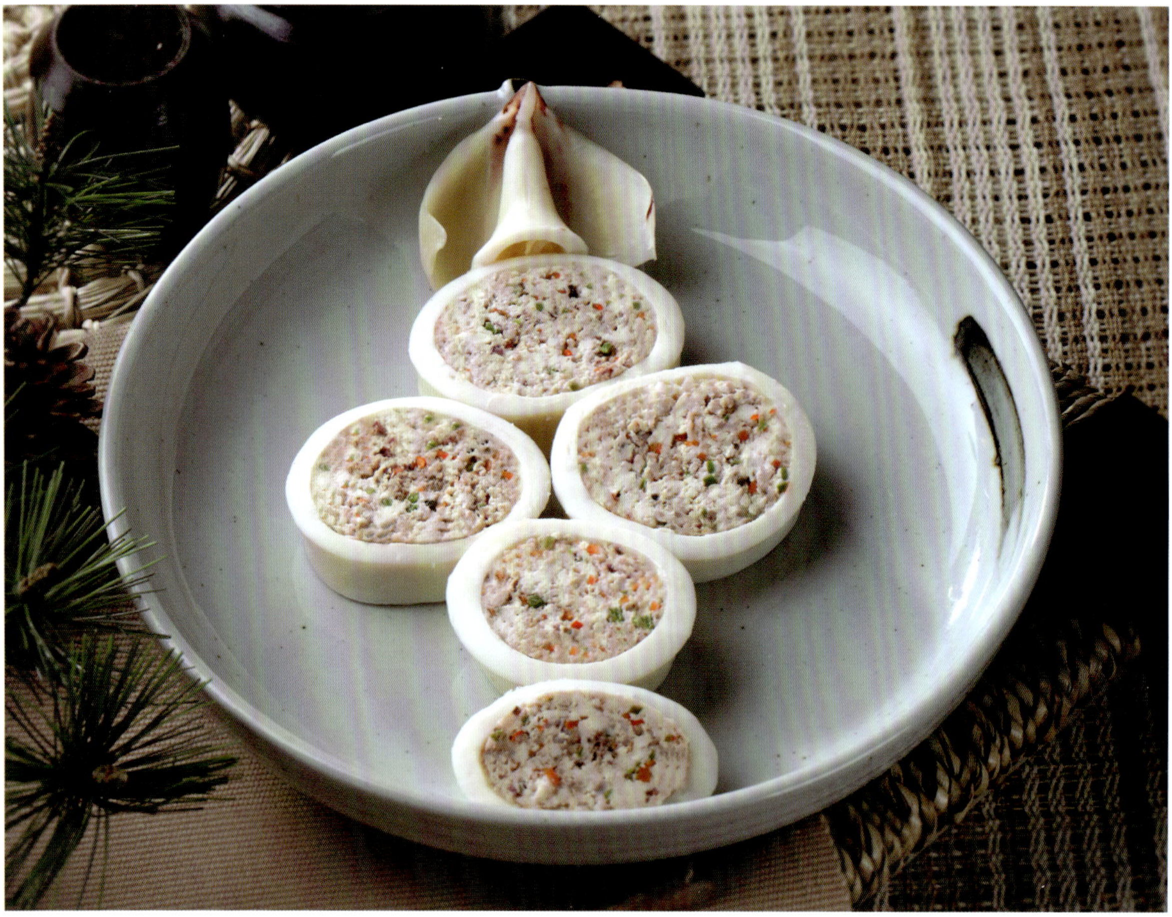

요구사항

※ 위생과 안전에 유의하여 주어진 재료로 다음과 같이 만드시오.

1) 소는 오징어다리, 찐 찰밥, 두부, 숙주, 양파, 풋고추, 홍고추를 양념하여 사용하시오.
2) 양파, 숙주, 풋고추, 홍고추는 가로, 세로 0.3 cm 정도로 다져서 사용하고, 두부는 으깨어 물기를 제거하여 사용하시오.
3) 오징어순대는 폭 1cm 로 썰어 전량 제출하시오.

만드는 법

1. 찹쌀가루에 소금을 약간 넣어 찐다.

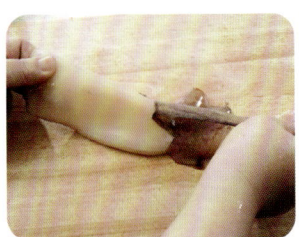

2. 오징어는 몸통과 다리를 분리하여 내장은 제거하고, 껍질을 벗기고 손질한다.

3. 끓는 물에 소금을 넣고 숙주 먼저 데쳐 낸 후, 오징어를 살짝 데쳐낸다.
4. 삶은 오징어 다리, 양파, 숙주, 홍고추, 풋고추를 가로, 세로 0.3cm 정도로 다진다.

5. 두부를 수분제거 하여 으깬 것, 찐 찰밥, 데친 숙주, 양파, 오징어 다리, 홍고추, 풋고추, 파, 마늘 다진 것, 달걀, 설탕, 후추, 깨소금, 참기름, 소금 섞어 잘 치대어 소를 만든다.

6. 데친 오징어 몸통의 수분을 제거하고 밀가루 뿌려 털어낸 후, 양념한 소를 꼭꼭 눌러 4/5 정도를 채운 다음, 꼬지로 입구를 막는다.

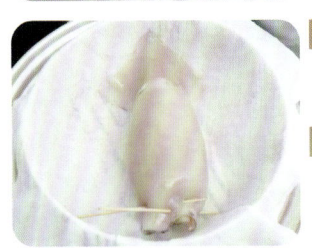

6. 오징어 몸에 바늘로 몇 군데 침을 준 후, 김이 오른 찜통에 10분 정도 쪄서 식힌다.
7. 식은 후 1cm 두께로 썰어 보기 좋게 담는다.

재 료

- 오징어 (250g 정도) ············ 1마리
- 찹쌀 (불린 것) ················ 40g
- 숙주 (생것) ··················· 40g
- 달걀 ························· 1개
- 두부 ························· 30g
- 밀가루 중력분 ················· 10g
- 풋고추 ······················ 1/2개
- 홍고추 ······················ 1/2개
- 양파 ························ 1/8개
- 대파 ························· 2cm
- 마늘 ························· 1쪽
- 흰설탕 ······················· 5g
- 검은후춧가루 ·················· 1g
- 깨소금 ······················· 5g
- 참기름 ······················ 7ml
- 소금 ························ 10g
- 산적꼬지 10cm정도 ············ 2개

POINT

1. 오징어는 손바닥 만한 크기의 작은 것으로 해야 보기 좋다.
2. 소 만들 때 수분이 적어야 좋으므로 숙주는 데쳐서 넣어야 좋다.
3. 속을 채울 때 오징어 입구를 비워 놔야 꼬지 2개로 입구를 막기 편하다.
4. 소를 채운 후 바늘로 몸 전체에 침을 주면, 순대를 찔 때 생기는 수분을 밖으로 빼줘서 속의 내용물이 단단해지고 속과 몸체가 분리되지 않아 좋다.

8-2 우엉잡채

우엉을 주재료로 하여 고기, 풋고추, 홍고추, 양파를 볶아 무친 잡채이다.

요구사항

※ 위생과 안전에 유의하여 주어진 재료로 다음과 같이 만드시오.

1) 재료는 0.2cm × 0.2cm × 6cm 정도 크기로 채썰어 사용하시오.
2) 우엉은 조림장으로 조려 사용하시오.
3) 각각 볶아진 재료를 고르게 무쳐 담아내시오.

만드는 법

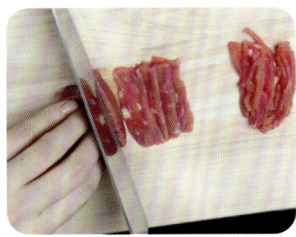

1. 고기는 핏물을 제거하고 0.2×0.2×6cm 채 썰어 간장, 파, 마늘, 간장, 설탕, 참기름, 후추, 양념장에 버무려 둔다.

2. 우엉, 건표고 불린 것, 풋고추, 홍고추, 당근, 양파를 0.2×0.2×6cm 썰어 둔다.

3. 간장, 물엿, 파, 마늘, 설탕, 참기름에 약간의 물을 넣어 조림장을 만들어 우엉을 졸여 내고, 양념한 고기를 볶아 낸다.

4. 야채류를 각각 소금으로 간하면서 볶아낸다.

5. 각각 볶아낸 야채류와 조린 우엉, 고기를 참기름 넣고 골고루 무쳐 준다.

6. 접시에 보기 좋게 담고 통깨를 뿌려 낸다.

재 료

- 우엉 ··············· 120g
- 소고기 (우둔) ··············· 50g
- 건표고버섯 (불린 것) ··············· 2장
- 풋고추 ··············· 1/2개
- 홍고추 ··············· 1/2개
- 당근 ··············· 50g
- 물엿 ··············· 50g
- 양파 ··············· 1/8개
- 진간장 ··············· 15ml
- 대파 ··············· 2cm
- 마늘 ··············· 1쪽
- 검은후춧가루 ··············· 1g
- 통깨 ··············· 10g
- 참기름 ··············· 7ml
- 흰설탕 ··············· 5g
- 식용유 ··············· 10ml

POINT

1. 우엉 잡채를 미리 할 경우엔 우엉의 색이 변하지 않게 찬물에 담그어 둔다.
2. 모든 재료를 (특히, 우엉) 곱게 썰어야 보기 좋다.
3. 조림장 만들 때 타지 않게 유의한다.

8-3 제육구이

제육은 돼지고기를 뜻하는데 돼지고기는 지방부분이 많으므로 굽게 되면 육질이 부드럽고 풍미와 맛이 한층 좋아진다.

요구사항

※ 위생과 안전에 유의하여 주어진 재료로 다음과 같이 만드시오.
1) 완성된 제육구이의 두께는 0.4 cm x 4 cm x 5 cm 정도 크기로 8쪽 만드시오.
2) 고추장 양념으로 하여 석쇠에 구우시오.

만드는 법

1. 돼지고기는 핏물과 기름기를 제거하고 두께 0.3cm로 편썰기 한다.

2. 돼지고기는 칼등으로 두들긴 후 4.5cm 가로, 5.5cm 세로로 다듬는다. (완성작 : 0.4×4×5cm)

3. 고추장 2큰술, 설탕 1큰술, 간장 1작은술, 다진 파, 마늘, 생강, 참기름, 깨소금, 후추로 고추장 양념장을 만들고 손질된 돼지고기에 골고루 발라 재워 둔다.

4. 석쇠가 달궈지면 식용유를 발라 코팅을 한다.

5. 석쇠에 양념이 된 돼지고기를 얹고 가장 자리와 양념부분이 타지 않게 고루 익혀 완성한다.

재 료

- 돼지고기 (등심살 볼깃살) ……… 150g
- 고추장 ……………………………… 40g
- 진간장 ……………………………… 15ml
- 대파 ………………………………… 4cm
- 마늘 ………………………………… 1쪽
- 검은후춧가루 ………………………… 1g
- 흰설탕 ………………………………… 5g
- 깨소금 ………………………………… 5g
- 참기름 ………………………………… 7ml
- 생강 ………………………………… 25g
- 식용유 ……………………………… 10ml

POINT

1. 돼지고기는 일정한 크기와 두께가 되도록 손질한다.
2. 돼지고기는 익으면 수축되므로 두께는 조금 얇게 편썰기 하고 가로, 세로는 조금 더 크게 다듬는다.
3. 주재료는 반드시 익혀야 되고 양념부분은 타지 않게 한다.

8-4 매작과

매작과는 매화의 '매', 참새의 '작'을 써서 '매화나무에 참새가 앉은 듯하다'라는 뜻이다. 다른 말로 매잣과, 매엽과, 타래과 라고도 부르는데 다과상이나 주안상에 어울린다.

요구사항

※ 위생과 안전에 유의하여 주어진 재료로 다음과 같이 만드시오.

1) 매작과 완성품의 크기는 5cm ×2cm ×0.3cm 정도로 균일하게 만드시오.
2) 매작과 모양은 중앙에 세군데 칼집을 넣으시오.
3) 시럽을 사용하고 잣가루를 뿌려 10개를 제출하시오.

만드는 법

1. 밀가루 6큰술을 체에 내리고, 생강즙 2큰술을 만든다.

2. 밀가루 6큰술, 생강즙 2큰술, 식용유 1작은술, 소금을 넣어 반죽을 하고 잣을 다진다.

3. 냄비에 물 3큰술과 설탕 3큰술을 혼합하여 중불에서 은근하게 끓여 시럽을 완성한다.

4. 숙성된 매작과 반죽을 0.2cm 두께로 밀고 2cm 가로, 5cm 세로로 10개를 썬다.

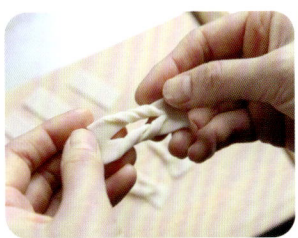

5. 반을 접어 세 곳에 칼집을 넣고 뒤집기를 하여 매작과 모양을 만든다.

6. 팬에 식용유를 넣어 매작과를 튀겨 낸 뒤 시럽을 바르고 잣가루를 뿌려 낸다.

재 료

- 밀가루 (중력분) ················· 100g
- 생강 ································ 25g
- 잣 ··································· 5g
- 식용유 ··························· 130ml
- 소금 ································ 10g
- 흰설탕 ····························· 5g
- A4용지 ···························· 1장

POINT

1. 시럽은 물과 설탕을 동량으로 넣어 설탕을 충분히 녹인 뒤 끓여서 농도를 낸다.
2. 매작과를 튀길 때 식용유의 온도가 너무 높으면 기포가 생기고 색이 짙어진다.
3. 젓가락으로 양쪽을 잡아 주어 틈이 벌어지지 않도록 모양을 잡는다.

제2부
양식조리산업기사 실기 5품목

Chapter 1.
토마토 쿨리를 곁들인 치킨 룰라드

Chapter 2.
타임소스를 곁들인 양갈비구이

Chapter 3.
비가라드 소스를 곁들인 오리가슴살구이

Chapter 4.
앤초비 버터를 곁들인 소안심구이

Chapter 5.
타임 벨루테 소스를 곁들인 기름에 저온 조리한 적도미

제1과제	토마토 쿨리를 곁들인 치킨 룰라드
시험시간	1시간 20분

1 토마토 쿨리를 곁들인 치킨 룰라드

요구사항

※ 위생과 안전에 유의하여 주어진 재료로 토마토 쿨리를 곁들인 치킨 룰라드를 다음과 같이 만드시오.

가. 치킨 룰라드 (chicken roulade)
  1) 닭 다리는 뼈와 살을 분리하여 사용하시오.
  2) 양송이와 기타 재료를 사용하여 듁셀(duxells)을 만들어 닭 다리살에 넣고 룰라드 하시오.
  3) 닭 다리는 정제 버터를 사용하여 갈색으로 팬후라이 하시오.

나. 토마토 쿨리 (tomato coulis)
  1) 토마토와 양파, 마늘 등 기타 재료를 사용하여 토마토 쿨리를 만드시오.
  2) 닭육수를 만들어 사용하시오.

다. 가니쉬 (garnish)
  1) 감자는 더치 포테이토(duchesse potato)를 만들고, 채소를 이용하여 가니쉬를 만드시오.
  2) 사과는 글레이징(glazing) 하시오.

라. 룰라드한 닭 다리는 적당한 크기로 잘라 토마토 쿨리, 가니쉬와 함께 담아내시오.

만드는 법

1. 닭 다리는 뼈와 살을 분리해서 얇게 펴서 소금, 후추로 간을 하고 뼈는 찬물에 담구어 놓는다.
2. 닭 뼈에 스톡용 양파, 월계수 잎과 타임을 넣어 스톡을 만든다.

3. 양송이는 곱게 다지고 양파와 함께 버터에 볶아 생크림과 빵가루를 넣어 농도를 되직하게 하고 소금, 후추를 넣어 듁셀을 만들어 놓는다.
4. 마늘은 곱게 다지고 토마토는 씨를 제거하고 곱게 다져 버터에 다진 양파, 마늘을 볶다가 다진 토마토, 토마토 퓨레, 치킨스톡 순으로 넣어 졸이고 슬라이스한 바질과 소금, 후추로 간을 해서 토마토 쿨리를 만든다.

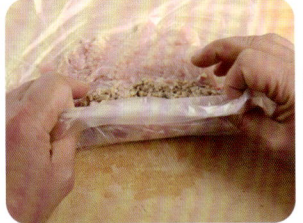

5. 버터 50g은 정제 버터를 만들고 준비한 닭 다리살은 듁셀을 넣어 룰라드해서 조리용 실로 묶어 놓는다.

6. 사과는 껍질을 벗겨 웨이지 모양으로 잘라 정제 버터에 갈색으로 굽고 설탕과 적포도주 넣어 졸여 글레이징한다.
7. 익은 감자는 체에 내려 버터, 소금, 후추, 달걀 노른자 반을 넣어 매쉬 감자를 만들어 짜 주머니에 넣어 더치 감자를 만들고 달걀 노른자에 휘핑 크림을 섞어 발라 오븐에 갈색으로 구워준다.

8. 브로콜리는 손질하고 당근은 원형으로 손질해서 끓는 물에 데쳐 놓고 브로콜리는 버터 물에 넣어 완성하고, 당근은 버터와 설탕을 넣어 글레이징 하고 가지는 슬라이스해서 올리브오일에 구워준다.

9. 치킨 룰라드는 정제 버터를 넣고 약불에서 갈색으로 완전히 익게 만들어 묶은 실을 제거하고 슬라이스 해 놓는다.
10. 접시에 치킨 룰라드와 토마토 쿨리를 놓고 더치 포테이토, 사과 글레이징, 당근, 가지, 브로콜리를 놓고 타임으로 장식한다.

재 료

- 닭 다리 (약 250g 정도) ········· 1개
- 버터 ································ 130g
- 생크림(동물성) ················· 50mL
- 빵가루 ······························ 30g
- 당근 ······························· 1/2개
- 사과 ······························· 1/4개
- 가지 ······························· 1/2개
- 브로콜리 ··························· 50g
- 감자 ································ 1개
- 올리브 오일 ······················ 10mL
- 양파 ······························· 1/4개
- 마늘 ································ 1쪽
- 토마토 퓨레 ······················ 70mL
- 적포도주 ·························· 30mL
- 토마토 ···························· 1/2개
- 달걀 ································ 1개
- 바질 (fresh) ····················· 2줄기
- 타임 (fresh) ························ 5g
- 월계수잎 (마른 것) ················ 1잎
- 소금 ································ 10g
- 흰후춧가루 ························· 5g
- 흰설탕 ······························ 10g
- 양송이 ······························ 80g
- 실 (조리용 흰 실) ················ 50cm

POINT

1. 닭 다리 살은 칼 등으로 얇고 평평하게 한다.
2. 감자는 삶아서 뜨거울 때 체에 내려야 한다.
3. 토마토 쿨리는 소스의 일종이다.

2 타임소스를 곁들인 양갈비구이

제2과제 타임소스를 곁들인 양갈비구이
시험시간 1시간 30분

요구사항

※ 위생과 안전에 유의하여 주어진 재료로 타임소스를 곁들인 양갈비구이를 다음과 같이 만드시오.

가. 양갈비구이 (roasted rack of Lamb)
  1) 양 갈비의 살과 뼈는 깨끗이 다듬어 소금, 으깬 검은 후추, 향신료 등으로 마리네이드 하시오.
  2) 양 갈비는 팬에서 연한 갈색을 내어 꿀을 넣은 민트 젤리와 양 겨자 크러스트 (mustard crust)를 만들어 바르시오.
  3) 양 겨자 크러스트는 양 겨자, 빵가루, 마늘, 향신료 등을 사용하여 만드시오.
  4) 양 갈비는 오븐에서 미디움으로 구워 뼈를 포함해 3등분으로 잘라 접시에 담으시오.

나. 안나 포테이토 (anna potato)
  1) 안나 포테이토는 지름 4cm, 두께 0.2cm, 높이 3cm 정도의 크기로 몰드, 틀, 쿠킹호일 등으로 만들어 오븐에서 갈색으로 구우시오.
  2) 아스파라거스는 끓는 물에 데친 후 볶아 사용하시오.
  3) 끓는 물에 데쳐 오븐에서 구운 마늘과 타임도 가니쉬로 사용하시오.

다. 타임 소스(thyme sauce)
  1) 타임 소스는 타임향이 있게 하고 농도에 유의하시오.
  2) 손질하고 남은 양고기, 뼈, 토마토 페이스트, 적포도주 등을 사용하여 만드시오. 라. 양갈비, 안나 포테이토, 아스파라거스, 구운 마늘, 타임 소스, 타임을 함께 담아내시오.

만드는 법

1. 양갈비는 손질해서 올리브오일, 소금, 후추, 마늘 슬라이스, 로즈마리로 마리네이드 한다.

2. 민트젤리에 꿀을 섞어 놓고 양겨자 크러스트는 빵가루에 양겨자, 다진 마늘, 타임, 로즈마리, 파슬리를 다져서 크러스트를 만든다.

3. 양갈비는 올리브오일에 갈색으로 구워 민트젤리 꿀을 발라 양겨자 크러스트를 얹어 오븐에서 미디움으로 굽는다.

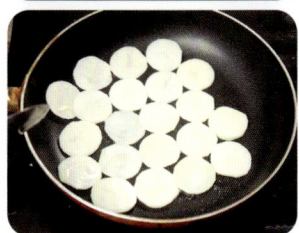
4. 감자는 지름 4cm, 두께 0.2cm 원형으로 썰어 팬에 갈색으로 구워 높이 3cm로 몰드에 버터와 함께 넣고 오븐에서 갈색으로 구워 준다.

5. 아스파라거스와 마늘은 끓는 물에 데쳐 버터에 볶고 마늘은 오븐에서 갈색으로 구워 준다.

6. 손질하고 남은 양고기와 뼈는 갈색으로 구워 버터에 양파, 마늘, 당근을 볶다가 토마토 페이스트를 넣어 볶고 적포도주를 졸여 물을 소량 넣고 끓이다가 전분으로 농도를 맞추고 소금, 후추로 간을 하고 타임을 다져 넣어 완성한다.

7. 접시에 미디움으로 구운 양갈비를 3등분하여 놓고 안나 포테이토, 아스파라거스, 구운 마늘, 타임 소스를 곁들이고 타임으로 장식한다.

재 료

- 양갈비 (프렌치랙) ············· 250g
- 양겨자 ······························ 50g
- 파슬리 ································ 5g
- 타임 (fresh) ························ 5g
- 로즈마리 ····························· 5g
- 마늘 ··································· 5쪽
- 당근 ································· 1/2개
- 양파 ································· 1/2개
- 감자 ···································· 1개
- 버터 ·································· 60g
- 아스파라거스 (fresh) ············ 2개
- 적포도주 ·························· 50mL
- 올리브오일 ······················ 50mL
- 전분 ··································· 10g
- 빵가루 ······························· 40g
- 토마토 페이스트 ················· 30g
- 민트 젤리 (박하향 소스) ······ 10g
- 꿀 ····································· 10g
- 흰후춧가루 ························· 5g
- 소금 ·································· 10g
- 검은통후추 ························· 5g

POINT

1. 양 갈비는 팬에서 약불로 표면이 갈색이 되도록 구워서 오븐에서 미디움으로 굽는다.
2. 마늘은 끓는 물에 3번 데쳐서 구우면 매운 맛이 제거된다.
3. Rack of Lamb은 뼈 3개 붙은 상태이고 Lamb Chop는 뼈 1개씩 잘라 놓은 상태이다.

제3과제 비가라드 소스를 곁들인 오리가슴살구이
시험시간 1시간 20분

3 비가라드 소스를 곁들인 오리가슴살구이

요구사항

※ 위생과 안전에 유의하여 주어진 재료로 『비가라드소스를 곁들인 오리가슴살 구이』를 다음과 같이 만드시오.

가. 오리가슴살구이 (roasted duck breast)
   1) 오리 가슴살은 껍질부분에 솔방울 모양으로 칼집을 내어 팬프라잉하시오.
   2) 팬프라잉한 오리가슴살은 꿀을 발라 오븐에 갈색으로 익혀 3쪽으로 썰어내시오.
   3) 껍질은 바삭하게하고 속은 미디움(medium)으로 구우시오.

나. 로스티 감자 (rosti potatoes)
   1) 베이컨과 블랙올리브를 넣은 로스티감자를 연한갈색으로 만드시오.

다. 비가라드소스 (bigarade sauce)
   1) 오렌지 주스와 적포도주 등을 넣어 2/3 정도 졸여 농도에 유의하여 비가라드소스를 만드시오.

라. 가니쉬 (garnish)
   1) 브로콜리는 삶아 버터에 볶아 사용하시오.
   2) 당근은 올리베또(olivette) 모양으로 3개를 사용하시오,
   3) 배 콘피(pear confit)는 샤토(chateau) 모양으로 레드와인에 졸여 2개를 만드시오.
   4) 오렌지 제스트와 오렌지 살, 타임을 이용하여 가니쉬 하시오.

마. 3등분한 오리가슴살과 로스티 감자, 가니쉬를 담고 비가라드 소스를 뿌려 오렌지살과 오렌지 제스트, 타임으로 장식하여 내시오.

만드는 법

1. 오리가슴살은 껍질에 칼집을 주고 손질해서 소금, 후추, 마늘, 타임으로 마리네이드 한다.

2. 배는 샤토 모양으로 2개, 당근은 올리베토로 3개 만들고 브로콜리는 손질해서 끓는 물에 데치고 당근은 반 정도 익혀 놓는다.

3. 감자는 물에 삶아 익으면 강판에 내리고 다진 블랙올리브와 다져서 볶은 베이컨, 소금, 다진 검은 후추를 넣고 팬에 정제 버터를 넣어 얇게 갈색으로 굽는다.

4. 오렌지는 껍질을 벗겨 시그먼트, 주스, 슬라이스 제스트를 만들어 놓는다.

5. 비가라드 소스는 버터에 양파, 당근, 마늘을 넣고 갈색으로 볶다가 적포도주와 오렌지 주스, 설탕을 넣고 졸이고 브라운 스톡과 타임을 넣어 끓이다 전분으로 소스 농도를 맞추고 소금, 후추로 간을 한다.

6. 브로콜리는 버터에 볶고, 당근은 물, 버터, 레몬주스, 설탕으로 글레이징하고 배는 설탕과 적포도주를 넣어 콘피를 만든다.

7. 오리가슴살은 식용유를 넣고 팬에서 껍질의 기름을 제거하듯이 갈색으로 구워 꿀을 발라 오븐에서 미디움으로 익혀 3등분하여 자른다.

8. 접시에 오리가슴살, 비가라드 소스, 브로콜리, 당근, 배 콘피, 로스티 감자, 비가라드 소스를 곁들이고 오렌지 시그먼트, 제스트, 타임으로 장식한다.

재 료

- 오리가슴살 ·· 1개
  (150g 정도, 껍질 있는 것)
- 꿀 ··· 20g
- 오렌지 ···································· 2개
- 적포도주 ······························· 200mL
- 월계수잎 ································ 2잎
- 감자 ··· 1개
- 베이컨 ······································ 1개
- 올리브 (검은 것) ···················· 2개
- 브로콜리 ································ 30g
- 타임 (fresh) ···························· 5g
- 배 ··· 1/4개
- 레몬 ······································ 1/2개
- 당근 ··· 1개
- 양파 ······································ 1/4개
- 전분 (옥수수 전분) ················ 20g
- 브라운스톡 ···························· 100mL
- 검은통후추 ······························· 5g
- 소금 ··· 20g
- 흰후춧가루 ······························· 5g
- 식용유 ································· 50mL
- 마늘 ··· 3쪽
- 버터 ··· 70g
- 흰설탕 ··································· 50g
- 식초 ······································· 10mL

 POINT

1. 오리 가슴살은 껍질에 십자로 칼집을 내서 팬에서 약불로 껍질의 기름을 최대한 제거하며 구워준다.
2. 오렌지는 껍질로 채 썬 제스트를 만들고 살은 시그먼트를 하고 나머지는 주스를 준비한다.
3. 비가라드 소스는 오렌지 주스를 졸여 사용한다.

제4과제	앤초비 버터를 곁들인 소안심구이
시험시간	1시간 20분

4 앤초비 버터를 곁들인 소안심구이

▌요구사항

※ 위생과 안전에 유의하여 주어진 재료로 『앤초비 버터를 곁들인 소안심구이』를 다음과 같이 만드시오.

가. 소안심 구이 (beef fillet steak)
  1) 소고기 안심은 손질(마리네이드)하여 medium 으로 구우시오.
  2) 레드와인소스를 만들어 곁들이시오.

나. 앤초비 버터 (anchovy butter)
  1) 앤초비, 허브, 채소, 버터를 이용하여 앤초비 버터를 만들어 스테이크에 올리시오.

다. 도피노와즈 포테이토 (dauphinoise potato)
  1) 베샤멜소스를 만들어 사용하시오.
  2) 파르미지아노 레지아노 치즈를 뿌려 오븐에 구워내시오.

라. 곁들임 채소 (hot vegetables)
  1) 당근은 글레이징(glazing) 하시오.
  2) 방울양배추, 아스파라거스를 조리하여 곁들이시오.

만드는 법

1. 안심은 손질해서 올리브오일, 소금, 으깬 검은 통 후추, 타임으로 마리네이드 한다.

2. 앤초비, 케이퍼, 샬롯, 마늘, 파슬리, 타임은 곱게 다져 부드러운 버터에 섞어 랩으로 말아 냉장고에 보관한다.

3. 버터, 밀가루로 루우를 만들어 우유를 넣고 베샤멜 소스를 만들어 얇게 슬라이스 한 감자와 마늘을 넣어 익혀 마늘은 제거하고 몰드에 가지런히 놓고 파마산 치즈를 갈아 넣어 오븐에서 갈색으로 구워 준다.

4. 양파, 당근, 셀러리는 미르포아로 썰어 버터에 볶다가 레드와인을 넣고 졸여준 다음 데미글라스 소스를 넣어 레드와인 소스를 만든다.

5. 당근은 샤토로 만들고 방울 양배추와 아스파라거스를 끓는 물에 데쳐서 당근은 버터, 설탕으로 글레이징하고 양배추와 아스파라거스는 버터에 볶아준다.

6. 올리브 오일에 안심을 미디움으로 구워 준다.

7. 접시에 안심, 레드와인 소스, 도피노와즈 포테이토, 당근, 방울양배추, 아스파라거스, 샬롯을 놓고 마지막에 안심 스테이크 위에 앤초비 버터를 올려 완성한다.

재 료

- 소고기 (안심, 스테이크용) ········ 160g
- 케이퍼 ···································· 15g
- 타라곤 ····································· 5g
- 파슬리 ····································· 5g
- 앤초비 ···································· 10g
- 타임 ·· 5g
- 감자 ·· 1개
- 당근 ······································ 1/2개
- 방울 양배추 ······························ 2개
- 아스파라거스 (green) ················ 1개
- 레드 와인 ····························· 200mL
- 데미글라스소스 ····················· 50mL
- 우유 ··································· 150mL
- 버터 (무염) ····························· 100g
- 샬롯 ·· 1개
- 마늘 ······································· 3쪽
- 파르미지아노 레지아노치즈 (덩어리) ··· 20g
- 밀가루 (중력분) ························ 10g
- 흰설탕 ····································· 30g
- 올리브 오일 ···························· 30mL
- 양파 ······································ 1/2개
- 셀러리 ···································· 50g
- 검은통후추 ······························ 10g
- 소금 ·· 15g

POINT

1. 앤초비 버터는 랩으로 말아 사용하거나 짤주머니에 넣어 모양을 내서 굳혀 사용한다.
2. 베샤멜 소스는 농도를 되직하게 해서 사용해야 한다.
3. 안심스테이크는 센 불에서 갈색으로 굽다가 약불로 줄여 미디움으로 구워준다.

제5과제 타임 벨루테 소스를 곁들인 기름에 저온 조리한 적도미
시험시간 1시간 30분

5 타임 벨루테 소스를 곁들인 기름에 저온 조리한 적도미

요구사항

※ 위생과 안전에 유의하여 주어진 재료로 『타임 벨루테 소스를 곁들인 기름에 저온 조리한 적도미』를 다음과 같이 만드시오.

가. 기름에 저온 조리한 적도미 (oil poached red snapper)
  적 도미를 손질하여, 80g 정도의 fillet으로 2쪽을 사용하시오.
  타임향이 우러나도록 기름에 타임을 넣어 사용하시오.
  적 도미는 기름에 저온 조리하여 부드러운 질감이 나도록 하시오.

나. 타임 향의 벨루테 소스 (thyme veloute sauce)
  적 도미를 손질하고 남은 살과 뼈로 생선 스톡(fish stock)을 만들어 사용하시오.
  화이트 루(White Roux)와 생선스톡으로 소스를 만들고 타임은 chop해서 소스에 넣으시오.

다. 더운 채소 (hot vegetables)
  브로콜리는 데친 후 버터 물에 조리하시오.
  샬롯, 가지, 호박, 붉은 파프리카, 토마토, 케이퍼를 이용하여 라따뚜이(ratatouille)를 만드시오.

라. 퐁당 감자 (fondants potato)
  1) 작은 보일드 감자 (Boiled Potato) 모양으로 2개를 다듬어 버터의 향을 살려 오븐에서 조리하시오.

마. 접시에 적 도미, 감자, 더운 채소를 놓고 타임 벨루테 소스를 곁들이시오.

만드는 법

1. 적 도미는 손질해서 껍질 벗겨 필렛 2쪽으로 소금, 후추, 타임으로 마리네이드하고 뼈는 찬물에 담구었다가 양파와 셀러리, 대파, 월계수 잎을 넣고 생선스톡을 만든다.

2. 퐁당 감자는 보일드 감자 모양으로 2개 만들어 끓는 물에 반 정도 익히고 200도 오븐에서 물과 버터를 발라 갈색으로 구워 준다.

3. 샬롯, 가지, 호박, 붉은 파프리카, 토마토는 손질해서 케이퍼와 스몰 다이스로 썰어 버터에 순서대로 볶아 라따뚜이를 만든다.

4. 버터와 밀가루로 루우를 만들어 생선 스톡과 휘핑크림을 넣어 벨루테 소스를 만들고 타임과 파슬리를 다져 넣어 타임 벨루테 소스를 만들어 놓는다.

5. 브로콜리는 손질해서 끓는 물에 데쳐서 버터 물에 조리한다.

6. 식용유에 타임을 넣어 60도 온도에서 도미를 넣어 10분정도 익혀준다.

7. 접시에 도미와 타임 벨루테 소스, 퐁당 포테이토, 브로콜리, 라따뚜이를 곁들여서 완성한다.

재 료

- 감자 ·················· 1개
- 버터 (무염) ·················· 100g
- 브로콜리 ·················· 50g
- 휘핑크림 ·················· 200mL
- 적도미 (500~600g 정도) ········ 1마리
- 양파 ·················· 1/2개
- 셀러리 ·················· 30g
- 토마토 ·················· 1개
- 케이퍼 ·················· 20g
- 대파 (흰부분 4cm 정도) ········ 1토막
- 파슬리 ·················· 5g
- 타임 (fresh) ·················· 5g
- 밀가루 (중력분) ·················· 20g
- 식용유 ·················· 500mL
- 샬롯 ·················· 1개
- 빨간 파프리카 ·················· 1/4개
- 가지 ·················· 1/2개
- 애호박 ·················· 50g
- 흰후춧가루 ·················· 5g
- 월계수잎 (dry) ·················· 1개
- 검은통후추 ·················· 5g
- 소금 ·················· 10g

POINT

1. 보일드 감자는 많은 연습을 필요로 하며 샤토 나이프를 사용해도 된다.
2. 벨루테 소스의 농도를 잘 맞추어 준다.
3. 적도미 오일 포칭할 때 기름 온도가 60도 정도를 유지하도록 특히 유의해야 한다.

제3부
중식조리산업기사
실기 15품목

Chapter 1.
삼품냉채 | 광동식탕수육 | 물만두

Chapter 2.
산라탕 | 양장피잡채 | 빠스사과

Chapter 3.
쇼마이 | 피망돼지고기볶음 | 깐소새우

Chapter 4.
면보하 | 팔보채 | 궁보계정

Chapter 5.
라조육 | 짜춘권 | 류산슬

제1과제 삼품냉채, 광동식탕수육, 물만두
시험시간 1시간 30분

1-1 삼품냉채

요구사항

※ 위생과 안전에 유의하여 주어진 재료로 다음과 같이 만드시오.

1) 새우는 편으로 썰고, 해파리에 염분이 없도록 하시오.
2) 겨자소스와 마늘소소를 만들어 사용하시오.
3) 당근으로 꽃 모양을 만들어 장식하시오.

만드는 법

1. 물을 끓여 청주 1T를 넣어 새우와 송화단을 각각 삶아준다.

2. 끓는 물을 해파리에 부어준 뒤 흐르는 물에 담가 해파리를 전처리한다.

3. 마늘은 곱게 다지고, 겨자가루 1T에 끓는 물을 부어 충분히 발효시켜 준다.

4. 물3T, 식초 2T, 설탕 2T을 잘 섞어 냉채소스를 만들어 각각 발효 된 겨자와 마늘을 섞어 겨자소스, 마늘소스를 만든다.

5. 오이는 채와 편으로 반씩 나눠 썰고 당근은 꽃모양으로 깎아 찬물에 담가준다.

6. 해파리는 물기를 꼭 짜서 오이채와 섞어 접시에 담아준다.

7. 새우는 반으로 편을 떠낸 뒤, 오이편과 하나씩 접시에 담아준다.
   - 새우는 겨자소스, 해파리는 마늘소스를 각각 뿌려 준다.

8. 화단은 껍질을 까고 8등분 내준 뒤, 접시에 담아준다.

재 료

- 새우살 ·············· 50g
- 송화단 ·············· 1개
- 해파리 ·············· 100g
- 오이 ················ 1개
- 당근 ················ 80g
- 파슬리 (잎, 줄기포함) ··· 10g
- 겨자가루 ············ 30g
- 대파 (10cm 정도) ···· 1토막
- 진간장 ·············· 30mL
- 참기름 ·············· 20mL
- 흰설탕 ·············· 80g
- 마늘 ················ 3쪽
- 생강 ················ 20g
- 식초 ················ 30mL

POINT

1. 해파리 냄새제거에 유의한다.
2. 송화단의 노른자가 부서지지 않도록 얇은 칼로 잘라준다.

1-2 광동식탕수육

❚ 요구사항

※ 위생과 안전에 유의하여 주어진 재료로 다음과 같이 만드시오.

1) 돼지고기는 칼집을 넣어 부드럽게 하시오.
2) 돼지고기는 3cm x 3cm x 1cm정도의 크기로 썰어 사용하시오.
3) 채소는 한쪽 길이가 3cm 정도가 되도록 삼각모양으로 썰어 사용하시오.

만드는 법

재 료

- 돼지고기 (등심) ················· 250g
- 달걀 ······························· 1개
- 양파 ······························ 1/4개
- 청피망 (중 (75g 정도)) ········· 1/2개
- 완두콩 (캔 (통조림)) ············· 10g
- 생강 ······························· 20g
- 파인애플 (캔(통조림)) ············ 1쪽
- 진간장 ··························· 30mL
- 청주 ····························· 50mL
- 흰설탕 ···························· 80g
- 식초 ····························· 30mL
- 토마토케첩 ························ 80g
- 전분 (감자전분) ··················· 80g
- 식용유 ·························· 800mL

1. 채소는 한쪽 길이가 3cm 정도가 되도록 삼각형 모양으로 썰어준다.
2. 돼지고기는 3cm x 3cm x 1cm 정도 크기로 썰어 칼집을 넣어 부드럽게 해준다.

3. 전분은 물에 담가 앙금을 가라앉혀 윗물은 버리고 계란 흰자와 섞어 튀김옷을 만든다.

4. 소금, 후추, 청주로 밑간을 한 고기를 4의 튀김옷과 섞어 농도를 맞춰준다.
   - 농도가 묽으면 마른 전분을, 농도가 되직하면 계란 흰자로 농도 조절을 해준다.

5. 튀김팬에 기름을 올려 180도로 예열한 뒤 국자로 두드려 주며 2번 노릇하게 튀겨준다.

6. 팬에 기름을 두르고 채소를 볶아준 뒤에 간장, 청주, 케찹, 물을 넣어 소스를 만든다.

7. 소금으로 간을 맞추고 물 전분으로 농도를 맞춰 준다.

8. 바삭하게 튀겨놓은 고기를 넣고 버무려 접시에 보기좋게 담아준다.

POINT

1. 돼지고기는 핏물을 제거해야 색이 좋게 나온다.
2. 야채의 색이 변하지 않도록 오래 끓이지 않는다.
3. 소스의 농도는 물녹말 (물 : 전분 = 1 : 1)을 만들어 조리한다.

1-3 물만두

요구사항

※ 위생과 안전에 유의하여 주어진 재료로 다음과 같이 만드시오.
1) 만두피는 찬물로 반죽 하시오.
2) 만두피의 크기는 직경 6cm 정도로 하시오.
3) 만두는 8개 만드시오.

만드는 법

1. 밀가루에 찬물을 붓고 소금 한 꼬집을 넣어 잘 치대어 10분간 휴지시킨다.
   - 지급된 밀가루의 1T는 덧밀가루 용으로 따로 덜어낸 뒤 반죽을 한다.

2. 돼지고기는 힘줄 등을 제거하여 곱게 다진다.
3. 대파와 생강은 곱게 다지고 부추는 0.3cm 두께로 송송 썬다.

4. 다진 고기에 청주, 간장, 참기름, 후추로 밑간을 해준 뒤, 대파, 생강, 부추를 섞어준다.

5. 휴지가 완료된 반죽을 다시 한번 잘 치대어 준 뒤, 밀대로 지름 6cm 크기로 밀어준다.

6. 반죽 위에 만두소를 1t 정도 올려 모양을 잡아 8개의 물만두를 만들어 준다.

7. 냄비의 물이 끓으면 물만두를 넣고 끓어오르면 찬물을 반 국자만큼 2번 넣어준뒤 건져낸다.

8. 찬물에 만두를 살짝 씻어낸 뒤 그릇에 담고 물 1T, 참기름 약간을 뿌려준다.

재 료

- 밀가루 (중력분) ············· 100g
- 돼지고기 (등심) ············· 250g
- 부추 ······················· 30g
- 대파(10cm 정도) ············ 1토막
- 생강 ······················· 20g
- 소금 ······················· 10g
- 진간장 ····················· 30mL
- 청주 ······················· 50mL
- 참기름 ····················· 20mL
- 검은후춧가루 ················ 3g

POINT

1. 만두피가 얇으므로 속은 많이 넣지 않는다.
2. 만두를 빚는 모양은 규정된 것이 없으므로 같은 모양으로 빚는다.

제2과제 산라탕, 양장피잡채, 빠스사과
시험시간 1시간 30분

2-1 산라탕

요구사항

※ 위생과 안전에 유의하여 주어진 재료로 다음과 같이 만드시오.

1) 재료는 길이 5cm정도의 가는 채로 썰어 사용하시오.
2) 산라탕의 맛과 농도를 잘 맞추시오.

만드는 법

1. 새우를 제외한 모든 재료는 5cm 길이의 채로 썰어준다.
2. 물을 끓여 모든 재료를 데쳐 준 뒤 찬물에 헹구어 낸다.

3. 냄비에 분량의 물을 넣고 향신채를 넣고 끓여준다.
4. 두부를 제외한 데쳐놓았던 재료들을 넣고 끓여준다.

5. 청주, 간장, 소금, 후추로 간을 하고 식초를 넣어 끓여준다.
6. 두부까지 넣고 끓어 오르면 물전분으로 농도를 맞춰준다.
   - 계란이 들어가면 농도가 조금더 되직해 지므로 감안하여 농도를 맞춘다.

7. 계란을 잘 섞어 센불에서 투입한 뒤 살살 저어주며 익혀준다.

8. 고추기름을 1T넣어 살짝만 섞어 그릇에 보기좋게 담아준다.

재료

- 소고기 (살코기) ·················· 40g
- 새우살 ························· 100g
- 두부 (길이 5cm 이상) ············ 80g
- 불린 해삼 ······················ 100g
- 생표고버섯 ······················· 1개
- 죽순 (통조림 (whole)) ············ 50g
- 달걀 ···························· 3개
- 팽이버섯 ························ 50g
- 전분 (감자전분) ·················· 20g
- 생강 ···························· 20g
- 진간장 ·························10mL
- 청주 ··························· 10mL
- 소금 ···························· 20g
- 식초 ··························· 30mL
- 고추기름 ······················· 20mL
- 참기름 ························· 10mL
- 대파 (10cm 정도) ·············· 1토막
- 검은후춧가루 ····················· 3g

POINT

1. 신맛과 매운맛이 어우러 지도록 식초양을 조절한다.
2. 계란을 풀 때 전분으로 농도를 내고 난 후에 첨가한다.

2-2 양장피잡채

요구사항

※ 위생과 안전에 유의하여 주어진 재료로 다음과 같이 만드시오.

1) 양장피는 사방 4cm 정도로 하시오.
2) 고기와 채소는 5cm 정도 길이의 채를 써시오.
3) 볶은 재료와 볶지 않는 재료의 구분에 유의하여 담아내시오.
4) 겨자는 숙성시켜 사용하시오.

만드는 법

1. 양장피는 찬물에 담가 충분히 불려 준 뒤 사방 4cm 길이로 자른다.

2. 양파, 오이, 당근, 해삼은 채썰어 주고, 돼지고기도 채썰어 청주, 소금, 후추, 흰자, 전분으로 전처리한다.

3. 새우는 등쪽에 칼집을 넣어 내장을 제거하고 오징어는 대각선으로 칼집을 넣는다.

4. 냄비에 물을 끓이고 청주를 1T를 넣고 새우와 오징어, 해삼, 양장피를 데친다.
   - 물을 끓일 때, 동량의 겨자와 잘 섞어 겨자 발효를 시킨다.

5. 전분에 물을 붓고 가라앉힌 앙금 1T와 계란을 젓가락으로 잘 섞어준 뒤 팬에 기름을 약간 두르고 센불에서 계란지단을 부쳐낸 뒤 같은 크기로 채썰어 준다.

6. 팬에 기름을 넉넉히 두르고 고기를 튀기듯 익혀낸다.

7. 팬에 기름을 두르고 양파, 부추, 목이버섯과 볶아낸 뒤, 간장, 청주로 간을 한 뒤 익혀낸 고기를 넣어 같이 볶아준다.

8. 양장피는 체에 물을 잘 털어주고 간장, 참기름으로 밑간을 해준다.

9. 완성 접시에 오이, 당근, 오징어, 새우, 해삼을 놓고 양장피를 올려준다.
   - 비슷한 계열의 색(새우와 당근 등)이 중복되지 않도록 돌려담는다.

10. 7의 볶아낸 재료를 가운데 보기좋게 올려준다.
    - 발효된 겨자 1T에 물 1T, 식초1T, 설탕1T를 섞어만든 겨자소스를 위에 뿌려준다.

재료

- 양장피 ·· 1/2장
- 돼지고기 (등심, 살코기) ·········· 50g
- 양파 ··· 1/2개
- 부추 ··· 30g
- 건목이버섯 ···································· 1개
- 당근 ··· 50g
- 오이 ··· 1/3개
- 달걀 ·· 3개
- 새우살 ·· 100g
- 갑오징어 (몸살) ·························· 50g
- 불린 해삼 ···································· 100g
- 진간장 ·· 10mL
- 참기름 ·· 10mL
- 겨자가루 ·· 30g
- 식초 ·· 30mL
- 흰설탕 ·· 120g
- 식용유 ·· 800mL
- 소금 ··· 20g

POINT

1. 오이는 돌려깎기 하여 씨 부분은 사용하지 않고 겉과 속을 채 썰어 사용한다.
2. 양장피는 과하게 불리지 말아야 하며 참기름에 무쳐 서로 달라붙지 않게 준비한다.

2-3 빠스사과

요구사항

※ 위생과 안전에 유의하여 주어진 재료로 다음과 같이 만드시오.

1) 사과는 폭 3cm정도 크기로 다각형으로 잘라 사용하시오.
2) 빠스사과는 8개 만드시오.

만드는 법

 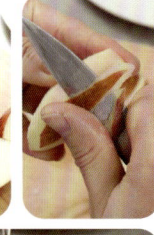

1 사과는 반으로 갈라 총 8조각으로 잘라 준다.

2 껍질과 씨를 제거하며 럭비공 보양으로 보양을 만들어 설탕물에 담가둔다.

3 물기를 제거하고 표면에 계란 흰자를 골고루 발라 준다.

4 넓은 접시에 밀가루를 놓고 표면에 밀가루를 잘 묻혀준다.

5 끓는 물에 밀가루를 살짝 데치듯 익혀주고 5의 과정을 총 2회 더 반복한다.

6 밀가루를 묻혀 160도의 온도에 표면의 튀김옷만 노릇하게 튀겨준 뒤 건져낸다.

7 팬에 기름을 살짝 두르고 설탕으로 시럽을 만들어준다.

8 6의 사과를 시럽과 버무려 충분히 시럽이 입혀졌으면 남는 시럽은 따라 버리고 접시에 보기좋게 담아준다.
  - 완성접시에 담기전 기름을 바른 접시에 우선 담아 표면이 굳도록 식힌 뒤 옮겨 담는다.

재 료

- 사과 (중) ·················· 1개
- 달걀 ························ 3개
- 밀가루 (중력분) ············ 50g
- 흰설탕 ····················· 120g
- 식용유 ···················· 800mL

POINT

1. 시럽을 너무 높은 온도에서 만들면 설탕이 타버릴 수 있으므로 주의한다.

제3과제 쇼마이, 피망돼지고기볶음, 깐소새우
시험시간 1시간 30분

3-1 쇼마이

요구사항

※ 위생과 안전에 유의하여 주어진 재료로 다음과 같이 만드시오.

1) 익반죽으로 하시오.
2) 지름 3cm x 높이 4cm 정도의 크기로 만들고, 쇼마이 중앙에 다진 당근을 올려 8개를 만드시오.
3) 찜통에 속이 익도록 쪄내시오.

만드는 법

1. 가루에 끓는물을 붓고 소금 한 꼬집을 넣어 잘 치대어 10분간 휴지시킨다.
   - 지급된 밀가루의 1T는 덧밀가루 용으로 따로 덜어낸 뒤 반죽을 한다.

2. 돼지고기는 힘줄 등을 제거하여 곱게 다진다.
3. 대파와 생강, 당근은 곱게 다지고 부추는 0.3cm 두께로 송송 썬다.

4. 다진 고기에 청주, 간장, 참기름, 후추로 밑간을 해준 뒤, 대파, 생강, 부추를 섞어준다.

5. 휴지가 완료된 반죽을 다시 한번 잘 치대어 준 뒤, 밀대로 지름 6cm 크기로 밀어준다.

6. 반죽 위에 만두소를 1T 정도 올려 모양을 잡아 준다.

7. 왼손으로 꾹 누르고 계량스푼으로 윗면을 평평하게 눌러주며 6개의 쇼마이를 만들어준다.

8. 김이 오른 찜기에 쇼마이를 놓고 위에 다진 당근을 올려 6분간 쪄낸 뒤, 그릇에 담아준다.

재 료

- 돼지고기 (등심, 살코기) ············ 150g
- 당근 ································ 20g
- 대파 (10cm 정도) ················ 1토막
- 부추 ································ 30g
- 생강 ································ 20g
- 밀가루 (중력분) ················· 150g
- 소금 ································ 10g
- 청주 ······························ 50mL
- 검은후춧가루 ························ 3g
- 진간장 ···························· 40mL
- 참기름 ···························· 20mL

POINT

1. 쪄낸 쇼마이는 식기 전에 모양을 잡아 완성한다.

3-2 피망돼지고기볶음

요구사항

※ 위생과 안전에 유의하여 주어진 재료로 다음과 같이 만드시오.

1) 피망과 고기는 5cm 정도의 채로 써시오.
2) 고기는 밑간을 하여 기름에 살짝 익혀 사용하시오.

만드는 법

1. 돼지 고기는 5cm 길이로 채썰어 준다.
2. 피망도 반을 갈라 씨를 제거하고 채썰어 준다.

3. 표고 버섯은 기둥을 제거하고, 죽순도 5cm길이로 채썬다.

4. 채썬 돼지고기에 청주, 소금, 후추, 계란 흰자, 전분으로 전처리 해준다.

5. 팬에 기름을 넉넉히 두르고 고기를 기름에 튀기듯 익혀준다.

6. 냄비에 물을 끓여 죽순과 표고버섯을 데쳐 찬물에 헹구어준다.

7. 팬에 기름을 두르고 향신채, 표고, 죽순, 양파, 피망을 넣고 볶아준다.

8. 익혀놓았던 고기를 넣고 청주, 간장, 소금, 후추로 간을 하고 접시에 보기 좋게 담는다.

재 료

- 돼지고기 (등심, 살코기) ············ 150g
- 청주 ···································· 50mL
- 전분 (감자전분) ···················· 100g
- 청피망 (중, 75g 정도) ············· 1개
- 달걀 ···································· 2개
- 죽순 (통조림 (whole)) ············· 30g
- 건표고버섯 (불린 것) ············· 2개
- 양파 ································· 1/4개
- 참기름 ································ 20mL
- 식용유 ······························· 600mL
- 소금 ··································· 10g
- 진간장 ································ 40mL

POINT

1. 피망을 센 불에서 마지막에 넣고 빠르게 조리해야 색깔이 선명하다.

3-3 깐쇼새우

요구사항

※ 위생과 안전에 유의하여 주어진 재료로 다음과 같이 만드시오.
1) 새우는 내장을 제거하여 사용하시오.
2) 깐쇼새우의 맛은 매운맛과 신맛, 단맛이 나도록 하시오.

만드는 법

1. 새우는 머리와 껍질을 모두 제거하여 깨끗이 씻어준다.
2. 새우의 등쪽에 살짝 칼집을 넣어 내장을 제거한 뒤, 물기를 제거한다.

3. 전분을 물에 담가 가라앉힌 앙금과 계란 흰자를 이용하여 튀김옷을 만든다.

4. 새우를 넣고 잘 버무린 뒤 마른 전분에 묻혀 꾹꾹 눌러준다.

5. 팬에 기름을 넣고 180도의 온도에서 바싹하게 새우를 튀겨준다.

6. 팬에 고추기름을 두르고 다진 대파, 마늘, 생강을 넣고 볶아준다.

7. 청주, 간장, 케찹, 설탕, 식초로 소스를 만든 뒤 물을 넣고 끓여준다.

8. 물전분으로 농도를 맞춰준 뒤, 튀긴 새우를 넣고 재빨리 버무려 접시에 담아준다.

재 료

- 새우 (껍질 있는 것, 중) ········ 10마리
- 달걀 ···································· 2개
- 전분 (감자전분) ···················· 100g
- 두반장 ································· 20g
- 토마토케첩 ··························· 50g
- 청주 ··································· 50mL
- 대파 (10cm 정도) ················ 1토막
- 생강 ··································· 20g
- 마늘 ··································· 2쪽
- 진간장 ································· 40mL
- 식초 ··································· 10mL
- 백설탕 ································· 50g
- 고추기름 ····························· 30mL
- 식용유 ································· 600mL

 POINT

1. 새우는 5분 정도 물에 담가 짠맛을 조금 제거한다.
2. 마른전분은 튀김 바로 직전에 입혀준다.

| 제4과제 | 면보하, 팔보채, 궁보계정 |
| 시험시간 | 1시간 30분 |

4-1 면보하

요구사항

※ 위생과 안전에 유의하여 주어진 재료로 다음과 같이 만드시오.
1) 튀김이 겉은 바삭하고 속은 부드럽게 튀겨내시오.
2) 사방 5cm 정도의 크기로 6개를 만드시오.

만드는 법

1. 식빵은 테두리를 얇게 잘라내고 사방 약 5cm 길이가 되도록 4등분으로 자른다.

2. 새우는 칼로 눌러 곱게 다지고, 대파와 생강도 곱게 다져준다.

3. 다진 새우에 대파, 생강을 넣고 청주, 후추, 계란 흰자, 감자전분을 넣어 잘 치대어준다.

4. 식빵 표면에 계란 흰자를 살짝 발라준다.

5. 잘 치대준 새우 완자를 동그랗게 뭉쳐준다.
6. 식빵 위에 새우 완자를 올리고 다시 식빵을 올려 밀착되도록 꾹 눌러준다.

7. 160도의 기름에 겉은 바삭하고 속은 부드럽게 튀겨준다.

8. 키친타월에 기름기를 살짝 제거하여 접시에 보기 좋게 담아준다.

재 료

- 새우살 ······························· 160g
- 식빵 ································· 4쪽
- 달걀 ································· 2개
- 전분 (감자전분) ····················· 80g
- 소금 ································· 30g
- 대파 (10cm 정도) ··············· 1토막
- 청주 ······························· 30mL
- 참기름 ····························· 20mL
- 생강 ································· 20g
- 흰후춧가루 ··························· 2g
- 식용유 ····························· 800mL

POINT

1. 새우속을 넣고 손으로 꾹 눌러 식빵과 떨어지지 않도록한다.
2. 온도가 높으면 식빵 색이 진하게 나므로 온도 조절에 신경쓴다.

4-2 팔보채

요구사항

※ 위생과 안전에 유의하여 주어진 재료로 다음과 같이 만드시오.
1) 해삼은 길이 4cm 정도의 편으로 써시오.
2) 오징어 몸통은 대각선 방향 양쪽으로 칼집을 넣어 사용하시오.
3) 참소라살, 채소는 편으로 써시오.

만드는 법

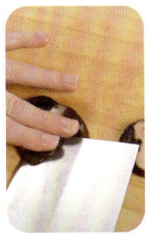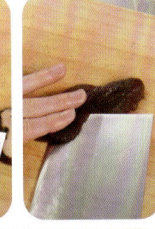

1. 양송이는 3등분으로 자르고 표고버섯, 죽순은 편으로 썰어준다.
2. 해삼은 내장을 깨끗이 제거하고 편으로 썰고 새우는 내장을 제거한다.

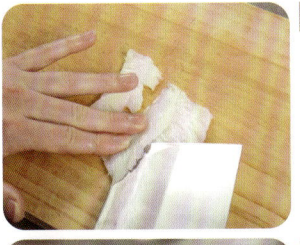

3. 소라는 편으로 썰고 갑오징어는 대각선으로 칼집을 넣어준다.

4. 냄비에 물을 끓여 양송이, 표고, 죽순, 해삼을 데쳐낸 뒤, 찬물에 헹구어 준다.

5. 팬에 기름을 넉넉히 두르고, 새우, 오징어, 소라를 기름에 튀기듯 익혀준다.

6. 팬에 기름을 두르고 향신채와 데쳐낸 야채들을 넣어 볶아준다.

7. 나머지 야채들을 넣고 간장, 청주, 소금, 후추로 간을 한다.

8. 익혀놓은 해물을 넣고 물전분으로 농도를 내준 뒤, 접시에 보기좋게 담아준다.

재 료

- 갑오징어 (몸살, 오징어 대체 가능) … 60g
- 삶은 참소라살 (50 ~ 60g 정도) … 1개
- 불린 해삼 … 80g
- 새우살 … 160g
- 청피망 (중, 75g 정도) … 1/2개
- 죽순 (통조림 (whole)) … 70g
- 건표고버섯 (불린 것) … 2개
- 홍피망 (파프리카, 중 (75g정도)) … 1/4개
- 양송이 … 2개
- 당근 … 50g
- 전분 (감자전분) … 80g
- 대파 (10cm 정도) … 1토막
- 생강 … 20g
- 마늘 … 1쪽
- 진간장 … 20mL
- 청주 … 30mL
- 참기름 … 20mL
- 소금 … 30g
- 흰후춧가루 … 2g
- 식용유 … 800mL

POINT

1. 해물을 오래 익히면 질겨지므로 오래 익히지 않는다.
2. 해물과 채소에서 수분이 나오므로 농도를 조금 더 되직하게 낸다.

4-3 궁보계정

요구사항

※ 위생과 안전에 유의하여 주어진 재료로 다음과 같이 만드시오.

1) 땅콩은 튀겨서 사용하시오.
2) 닭고기는 1.5cm 정도 크기의 정사각으로 썰어 양념하여 사용하시오.
3) 건고추는 1.5cm 정도로 썰어 약간 타듯이 볶으시오.

만드는 법

1. 피망과 대파는 사방 1.5cm 크기의 정사각형으로 자르고 생강은 곱게 다진다.

2. 닭고기는 사방 1.5cm 크기로 잘라준다. 건고추도 1.5cm 길이로 어슷 썰어준다.

3. 닭고기 청주, 소금, 후추로 밑간을 하고 계란 흰자, 전분으로 전처리한다.

4. 팬에 기름을 예열한 뒤 160도의 온도에서 땅콩을 튀겨 껍질을 벗겨준다.

5. 3의 닭고기를 기름에 튀기듯이 익혀낸 뒤 건져준다.

6. 팬에 고추기름을 두르고 마른고추를 볶아주고 향신채를 충분히 매운맛을 우려내준다.

7. 향신채, 피망을 볶다가 청주, 간장을 넣고 물을 넣은 뒤 소금, 후추로 간을 맞춘다.

8. 익혀놓은 닭고기를 넣고 간이 베이도록 한번 졸여준 뒤 물전분으로 농도를 맞추고 접시에 보기좋게 담아준다.

재 료

- 닭가슴살 · 150g
- 땅콩 (껍질 깐 것) · · · · · · · · · · · · · · · 30g
- 대파 (10cm 정도) · · · · · · · · · · · · · · 1토막
- 건홍고추 · 2개
- 청피망 (중, 75g 정도) · · · · · · · · · 1/2개
- 달걀 · 2개
- 전분 (감자전분) · · · · · · · · · · · · · · · · 80g
- 식용유 · 800mL
- 고추기름 · 20mL
- 청주 · 30mL
- 생강 · 20mL
- 소금 · 30g
- 진간장 · 20mL
- 참기름 · 20mL
- 검은후춧가루 · · · · · · · · · · · · · · · · · · · 2g

 POINT

1. 닭고기살은 충분히 익혀준다.
2. 해물과 채소에서 수분이 나오므로 농도를 조금 더 되직하게 낸다.

제5과제 라조육, 짜춘권, 류산슬
시험시간 1시간 30분

5-1 라조육

요구사항

※ 위생과 안전에 유의하여 주어진 재료로 다음과 같이 만드시오.
1) 돼지고기는 길이 4cm, 굵기 1cm 정도로 써시오.
2) 소스의 농도에 유의하시오.

만드는 법

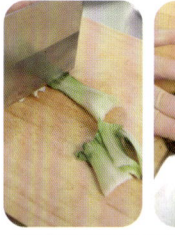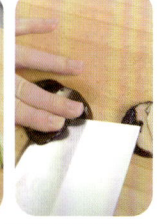

1. 청경채는 줄기 부분만 4cm 길이로 자르고, 청피망, 홍고추도 4cm 길이의 세모모양으로 자른다.
2. 죽순과 표고버섯은 편으로 썰고 건고추도 2cm폭으로 자른다.

3. 냄비에 물을 끓여 표고와 죽순을 데쳐 찬물에 헹구어 준다.

4. 돼지고기는 4cm x 1cm 크기로 잘라 청주, 소금, 후추로 밑간을 한다.

5. 전분은 물을 부어 가라앉은 전분 앙금에 계란 흰자를 섞어 튀김옷을 만들어 준다.

6. 3의 돼지고기에 튀김옷을 넣고 180도의 기름에 노릇하게 2번 튀겨준다.

7. 팬에 고추기름을 두르고 건고추, 향신채, 표고, 죽순을 넣고 볶아준다.
8. 청피망, 홍고추, 청경채를 넣고 볶은 뒤 물을 넣고 청주, 간장, 소금, 후추로 간을한다.

9. 물전분으로 농도를 맞춘 뒤, 튀긴 고기를 넣고 재빨리 버무려 접시에 담아준다.

재 료

- 돼지고기 (등심, 살코기) ············ 250g
- 죽순 (통조림 (whole)) ············· 100g
- 건표고버섯 (불린 것) ············· 4개
- 청피망 (중, 75g 정도) ············ 1/3개
- 달걀 ···························· 4개
- 홍고추 ························· 1/2개
- 건홍고추 ························· 1개
- 청경채 ························· 1포기
- 대파 (10cm 정도) ··············· 1토막
- 생강 ···························· 20g
- 마늘 ···························· 3쪽
- 청주 ··························· 50mL
- 진간장 ·························· 50mL
- 참기름 ·························· 20mL
- 전분 (감자전분) ················· 120g
- 식용유 ······················ 1,200mL
- 고추기름 ························ 20mL
- 소금 ···························· 30g
- 검은후춧가루 ······················ 2g

POINT

1. 고추기름을 양을 많이 넣지 않는다.
2. 야채의 색이 변하지 않도록 오래 끓이지 않는다.

5-2 짜춘권

요구사항

※ 위생과 안전에 유의하여 주어진 재료로 다음과 같이 만드시오.
1) 작은 새우를 제외한 채소는 길이 4cm 정도로 써시오.
2) 지단에 소를 채워 지름 3cm 정도 크기의 원통형으로 마시오.
3) 짜춘권은 길이 3cm 정도 크기로 잘라 8개 제출하시오.

만드는 법

1. 양파, 죽순, 표고, 해삼, 부추는 4cm 길이의 채로 썰어준다.
2. 새우는 등쪽에 칼집을 넣어 내장을 제거하고 돼지고기는 채썰어 청주, 소금, 후추, 흰자, 전분으로 전처리한다.

3. 팬에 기름을 넉넉히 두르고 고기를 튀기듯 익혀낸다.
4. 냄비에 물을 올려 끓으면 죽순, 표고, 해삼을 데쳐낸다.

5. 팬에 기름을 두르고 향신채, 양파, 죽순, 표고를 볶아 청주와 간장으로 간을 한다.

6. 익혀놓았던 고기와 부추, 새우, 해삼을 넣고 같이 볶다가 넓은 접시에 속을 펼쳐 담는다.

7. 계란 3개를 풀고 전분에 물을 부어 가라앉힌 전분 앙금을 2T넣어 센불에서 지단을 부쳐준다.
8. 밀가루에 동량의 물을 부어 밀가루풀을 준비한다.

9. 지단에 6의 재료를 넣고 양 옆을 안으로 접어준 뒤 밀가루 풀을 바르고 김밥처럼 단단히 말아준다.

10. 가라앉힌 전분 앙금에 계란흰자를 넣어 튀김옷을 만든 뒤 9의 짜춘권에 잘 입혀 160도의 온도에서 튀겨준 다음 3cm 길이로 8개를 잘라 접시에 담아준다.

재료

- 돼지고기 (등심, 살코기) ············ 250g
- 새우살 ······························· 70g
- 불린 해삼 ····························· 50g
- 양파 ································· 1/4개
- 부추 ·································· 30g
- 건표고버섯 (불린 것) ················· 4개
- 전분 (감자전분) ····················· 120g
- 진간장 ······························ 50mL
- 소금 ·································· 30g
- 검은후춧가루 ·························· 2g
- 참기름 ····························· 20mL
- 달걀 ·································· 4개
- 밀가루 (중력분) ······················ 20g
- 식용유 ···························· 1,200mL
- 죽순 (통조림 (whole)) ·············· 100g
- 대파 (10cm 정도) ················· 1토막
- 생강 ·································· 20g
- 청주 ·································· 50g

POINT

1. 채소는 일정하게 채 썬다.
2. 끝이 떨어지지 않도록 밀가루풀을 골고루 발라 잘 붙인다.
3. 튀겨낸 짜춘권을 자를 때 칼을 젖은 행주에 닦아 가며 자르면 잘 잘라진다.

5-3 류산슬

요구사항

※ 위생과 안전에 유의하여 주어진 재료로 다음과 같이 만드시오.

1) 고기와 해삼은 5 ~ 6cm 정도의 가는 채로 써시오.
2) 채소모양도 5 ~ 6cm 정도의 채로 써시오.
3) 고기와 새우는 먼저 전처리 작업 후 조리하시오.

만드는 법

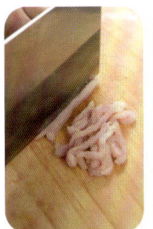 

1. 고기는 얇게 편으로 떠낸 뒤, 5cm 길이의 채로 썰어준다.
2. 해삼, 죽순, 표고도 5cm 길이의 채로 썰어준다.

3. 새우는 등쪽에 칼집을 넣어 내장을 제거하고 물에 깨끗이 씻어준다.

4. 채썬 고기에 청주, 소금, 후추, 계란흰자, 마른 전분을 넣어 전처리 해준다.

5. 냄비에 물을 올려 끓으면 죽순, 표고, 해삼을 데쳐낸 뒤 찬물에 헹구어 준다.

6. 팬에 기름을 넉넉히 두르고 4의 고기를 튀기듯이 익혀준다.

7. 팬에 기름을 두르고 향신채와 데친 재료(죽순, 표고, 해삼)를 넣고 볶아준다.

8. 새우와 익혀놓은 고기, 팽이버섯을 넣고 청주, 간장, 소금, 후추로 간을 하고 물전분으로 농도를 내어 접시에 보기좋게 담아준다.

재 료

- 돼지고기 (등심, 살코기) ············ 250g
- 불린 해삼 ························· 50g
- 새우살 ··························· 70g
- 죽순 (통조림 (whole)) ············ 100g
- 건표고버섯 (불린 것) ············· 4개
- 팽이버섯 ························· 50g
- 달걀 ···························· 4개
- 전분 ···························· 120g
- 생강 ···························· 20g
- 대파 (10cm 정도) ················ 1토막
- 마늘 ···························· 3쪽
- 소금 ···························· 30g
- 진간장 ·························· 50mL
- 청주 ···························· 50mL
- 식용유 ························· 1,200mL
- 참기름 ·························· 20mL
- 검은후춧가루 ····················· 2g

 POINT

1. 소스의 양이 충분하도록 물의 양을 넉넉히 넣는다.
2. 해물과 채소에서 수분이 나오므로 농도를 조금 더 되직하게 낸다.

제4부
일식조리산업기사 실기 15품목

Chapter 1.
튀김덮밥 | 도미냄비 | 삼색갱

Chapter 2.
닭양념튀김 | 모둠냄비 | 삼색갱

Chapter 3.
광어회 | 소고기양념튀김 | 고등어간장구이

Chapter 4.
된장국 | 꼬치냄비 | 모둠튀김

Chapter 5.
광어회 | 튀김우동 | 달걀말이

제1과제 튀김덮밥, 도미냄비, 삼색갱
시험시간 1시간 40분

1-1 튀김덮밥

요구사항

※ 위생과 안전에 유의하여 주어진 재료로 다음과 같이 만드시오.

가. 새우, 오징어, 가지, 생표고버섯을 튀겨 밥 위에 올려내시오.

나. 덮밥용 다시(텐동다시)를 만들어 사용하시오.

만드는 법

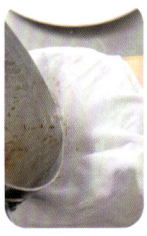 

1. 물이 끓으면 가다랑어포를 넣고 바로 불을 끄고 3분 정도 후에 걸러 다시 물을 만든다.
2. 냄비 밥을 짓는다.

3. 새우는 내장과 껍질을 제거하고 안쪽에 대각선으로 칼집을 3~5회 정도 넣어 등을 눌러가며 길게 펼쳐준다.
4. 오징어는 칼집을 좌우 대각으로 솔방울 모양을 넣어 2×8cm 정도로 자른다.

5. 가지는 5cm로 잘라 길게 4등분하여 속을 잘라내고 한쪽을 남기고 여러 개의 칼집을 넣고 생표고버섯은 별 모양을 깎는다. 모든 재료에 박력분을 묻혀 놓는다.

6. 찬물에 달걀노른자를 넣어 풀어주고 체 친 박력분을 넣어 젓가락으로 저어 튀김반죽을 만들고 튀김 재료에 묻혀 기름에 튀긴다.

7. 튀김이 떠오르면 묽은 튀김반죽을 뿌려 튀김 꽃을 만든 다음 노릇하게 튀겨지면 건져 기름을 제거한다.

8. 다시물 60mL, 진간장 2Ts, 맛술 2Ts, 흰설탕 1Ts을 합하여 덮밥용 다시(덴동다시)를 만든다.
9. 대접에 밥을 담고 위에 올리고 튀긴 새우, 오징어, 가지, 생표고버섯을 세워서 마무리한다.
10. 종지에 덮밥용 다시(덴동다시)를 담아낸다.

재료

- 새우 (껍질 있는 것) … 2마리 (30~40g)
- 오징어 (몸살) …………………… 50g
- 생표고버섯 ……………………… 1개
- 쌀 (불린 것) …………………… 150g
- 가지 …………………………… 1/2개
- 밀가루 (박력분) ……………… 120g
- 달걀 …………………………… 1개
- 흰설탕 ………………………… 30g
- 진간장 ……………………… 30mL
- 맛술 ………………………… 30mL
- 가다랑어포 (가쓰오부시) ……… 5g
- 식용유 ……………………… 600mL
- 소금 …………………………… 5g

POINT

1. 튀김반죽의 농도를 잘 조절해야 튀김옷을 잘 피게 할 수 있다.

1-2 도미냄비

요구사항

※ 위생과 안전에 유의하여 주어진 재료로 다음과 같이 만드시오.

가. 손질한 도미를 5~6cm로 자르고 머리는 반으로 갈라 소금을 뿌리시오.

나. 머리와 꼬리는 데친 후 불순물을 제거하시오.

다. 당근은 매화꽃, 무는 은행잎 모양으로 만들어 익혀내시오.

라. 초간장(폰즈), 양념(야꾸미)을 만들어 내시오.

만드는 법

1. 물 300ml에 다시마 넣고 다시물 준비하고, 전처리용 물을 끓여 놓는다.
2. 도미는 비늘을 제거하고 지느러미를 자른 후 아가미를 벌려 내장과 함께 제거 → 도미머리는 입 쪽에 칼을 넣어 반으로 가른 후 소금을 뿌리기 → 꼬리부분의 살은 4~5cm로 자르고 X자로 칼집을 넣고, 꼬리지느러미는 단정하게 V자 모양으로 만들고 소금을 뿌려준다.

3. 몸통은 세장 뜨기 하고 5~6cm로 토막을 내고 소금을 뿌려 놓는다.

4. 도미는 끓는 물에 데친 후 불순물을 제거한다.
5. 무는 은행잎, 당근은 매화꽃 모양으로 만들고 끓는 물에 데친 후 식혀주고, 배추는 쑥갓 대와 함께 배추말이 만들어 주고, 대파, 두부를 손질한다.

6. 팽이버섯은 밑둥 제거, 표고버섯은 별 모양으로 하고 죽순은 빗살무늬 살려 썰어준다.

7. 야꾸미(빨간 무즙·실파·레몬), 폰즈(다시1·간장1·식초1)를 만들어 준다.

8. 완성냄비에 모든 재료를 담고 다시물 200ml, 청주 20ml, 소금 5g 넣고 끓여주다가 불순물을 제거하고 약불로 줄여 팽이, 쑥갓을 마지막에 곁들여서 완성한다.

재 료

- 도미 ·················· 1마리 (500g)
- 배추 ················· 70g
- 무 (둥근모양으로 지급) ······· 100g
- 당근 ················ 1/3개
- 두부 ················ 60g
- 죽순 ················ 50g
- 팽이버섯 ············· 30g
- 생표고버섯 ·············· 1개
- 쑥갓 ················ 30g
- 대파 (흰부분 10cm 정도) ····· 1토막
- 건다시마 (5×10cm) ········ 1장
- 소금 ················ 10g
- 청주 ················ 20mL
- 고춧가루 ·············· 5g
- 실파 ················ 20g
- 진간장 ··············· 15mL
- 식초 ················ 15mL
- 레몬 ················ 1/4개
- 맛술 ················ 20mL

POINT

1. 도미 손질(비늘·핏물·내장 제거)에 유의하고, 당근(매화꽃 모양), 무(은행잎 모양)는 반드시 익혀서 완성한다.

1-3 삼색갱

요구사항

※ 위생과 안전에 유의하여 주어진 재료로 다음과 같이 만드시오.

가. 오이, 당근, 무는 10cm 정도의 폭으로 얇게 돌려깎기 하시오.

나. 각자의 채소를 적당한 길이로 가늘게 써시오.

다. 세 가지 색의 갱을 한 접시에 보기 좋게 담아내시오.

만드는 법

1. 삼색 채소는 잘 씻어 준비한다.
2. 오이는 잔가시를 제거하고 10cm 정도의 폭으로 잘라 속이 나올 때까지 돌려깎기 하여 채를 썬다.
3. 무는 10cm로 잘라 껍질을 제거하면서 동시에 얇게 돌려 깎는다.

4. 당근도 무와 같이 돌려 깎는다.

5. 돌려 깎기 한 오이, 무, 당근은 가늘게 채를 썰어 찬물에 담가둔다.

6. 싱싱해진 오이, 무, 당근은 2~3회 헹궈준 후 물기를 빼고 일정한 양으로 모양을 잡아 접시에 담는다.

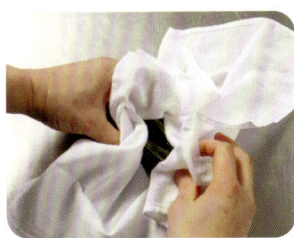

재 료

- 무 (둥근모양으로 지급) 200g
- 오이 1개
- 당근 2/3개

POINT

1. 세 가지 색의 갱(채)을 최대한 얇게 깎아야 하고 돌려 깎을 때 될 수 있으면 끊어지지 않게 하는 것이 좋다.

제2과제 닭양념튀김, 모둠냄비, 삼색갱
시험시간 1시간 40분

2-1 닭양념튀김

요구사항

※ 위생과 안전에 유의하여 주어진 재료로 다음과 같이 만드시오.

가. 닭 다리살이 뼈에 붙어있지 않게 잘 발라내시오.
나. 달걀흰자는 거품을 내어 튀김옷에 사용하시오.
다. 닭은 간장과 생강즙을 사용하여 양념하시오.
라. 꽈리고추는 튀겨 레몬과 함께 곁들이시오.
마. 닭양념튀김은 5개 제출하시오.

만드는 법

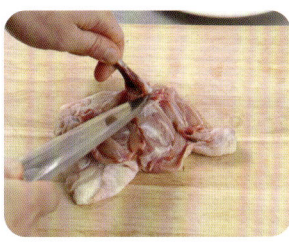

1. 닭 다리는 뼈가 없도록 잘 발라서 칼끝으로 찍어 칼집을 내어 3×3cm 크기로 5조각 이상 잘라 놓는다.

2. 생강을 갈아 간장에 넣어 닭고기를 밑간을 한다.

3. 달걀흰자는 거품기로 저어 머랭을 만들어 전분을 넣고 튀김옷을 만든다.

4. 한지는 접어서 접시 위 밑판을 만들어 놓는다.

5. 튀김기름 예열 후 닭고기는 물기를 제거하고 튀김옷을 묻혀 튀겨준다.

6. 꽈리고추도 살짝 튀겨 소금을 살짝 뿌려 놓고, 레몬은 웰지형으로 썬다.

7. 완성접시 위에 튀긴 닭을 담고 꽈리고추와 레몬을 곁들여 낸다.

재 료

- 닭 다리 …… 1개 (200g 정도, 뼈포함)
- 달걀 ……………………………… 1개
- 꽈리고추 ………………………… 1개
- 레몬 …………………………… 1/6개
- 전분 (감자전분) ………………… 50g
- 생강 ……………………………… 30g
- 진간장 ………………………… 60mL
- 식용유 ………………………… 500mL
- 소금 ……………………………… 10g
- 한지 (25cm 사각, A4용지 대체 가능) … 2장

POINT

1. 닭튀김 익힘에 주의한다. 특히 흰자 거품이 들어가면 열전달이 잘 되지 않아 익지 않는 경우가 많으므로 처음에는 낮은 온도에서 튀겨준다.

2-2 모둠냄비

요구사항

※ 위생과 안전에 유의하여 주어진 재료로 다음과 같이 만드시오.

가. 재료는 썰어 삶거나 데쳐 사용하시오.
나. 다시마와 가다랑어포(가쓰오부시)로 가다랑어국물(가쓰오다시)을 만드시오.
다. 달걀은 끓는 물에 살짝 풀어 익혀 후끼요세다마고로 만드시오.
라. 당근은 매화꽃, 무는 은행잎 모양으로 만드시오.

만드는 법

1. 물 400ml에 다시마+가스오부시 넣고 다시물 준비하고, 전처리용 물을 끓여 놓는다.

2. 동태살은 소금에 재워 겉만 살짝 데치고 닭다리살은 청주, 간장에 재운 후 겉만 살짝 데친다.

3. 갑오징어살은 껍질 벗겨 안쪽에 잔 칼집 넣어 3×5cm로 썰어 살짝 데치고 새우는 이쑤시개로 내장 제거하고 선홍색으로 변할 때까지 데친 후 껍질을 제거하고 꼬리부분에 칼집 넣어 삼각 모양을 낸다.

4. 쑥갓은 찬물에 담그고 무는 은행잎, 당근은 매화꽃 모양으로 만들고 끓는 물에 데친 후 식혀 주고, 배추는 쑥갓 대와 함께 배추말이 만들어 주고, 판어묵은 물결무늬로 썰어 데친 후 대파, 두부 손질을 한다.

5. 달걀 2개+소금을 넣고 체에 거른다 → 끓는 물에 소금을 넣고 후끼요세다마고를 만든다 → 김발로 모양을 잡아 찬물에 담가 빨리 식힌다.

6. 완성냄비에 모든 재료를 담고 가쓰오 다시물 350ml, 맛술 15ml, 청주 15ml, 간장 30ml를 넣고 끓여주다가 불순물을 제거하고 약불로 줄여 팽이, 쑥갓을 마지막에 곁들여서 완성한다.

재 료

- 닭 다리 ·················· 50g
- 새우 (껍질 있는 것) ··· 1마리 (30~40g)
- 무 (둥근모양으로 지급) ·········· 100g
- 찐어묵 ·················· 30g
- 갑오징어 (몸통살) ·········· 50g
- 당근 ·················· 1/3개
- 배추 ············80g (2~3장 정도)
- 대파 (흰부분 10cm 정도) ······1토막
- 생표고버섯 ·················· 1개
- 팽이버섯 ·················· 20g
- 두부 ·················· 50g
- 동태살 (껍질 있는 것) ·········· 50g
- 달걀 ·················· 2개
- 건다시마 (5×10cm) ·········· 1장
- 쑥갓 ·················· 10g
- 죽순 ·················· 30g
- 청주 ·················· 30mL
- 진간장 ·················· 10mL
- 소금 ·················· 10g
- 가다랑어포 (가쓰오부시) ·········· 10g
- 맛술 ·················· 30mL

POINT

1. 후끼요세다마고 만듦에 유의하고, 냄비에 모든 재료를 넣고 끓일 때 처음부터 다시물을 많이 넣지 말고, 적게 넣고 끓이면서 거의 익을 때 쯤 다시 물을 더 넣어 주는 것이 완성품 모양에 흐트러짐이 없다.
2. 닭 다리와 동태살 밑간 사용에 유의한다.
3. 당근(매화꽃 모양), 무(은행잎 모양)는 반드시 익혀서 완성한다.

2-3 삼색갱

요구사항

※ 위생과 안전에 유의하여 주어진 재료로 다음과 같이 만드시오.

가. 오이, 당근, 무는 10cm 정도의 폭으로 얇게 돌려깎기 하시오.

나. 각자의 채소를 적당한 길이로 가늘게 써시오.

다. 세 가지 색의 갱을 한 접시에 보기 좋게 담아내시오.

만드는 법

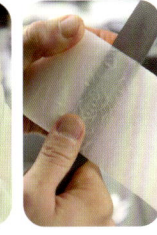

1. 삼색 채소는 잘 씻어 준비한다.
2. 오이는 잔가시를 제거하고 10cm 정도의 폭으로 잘라 속이 나올 때까지 돌려깎기 하여 채를 썬다.
3. 무는 10cm로 잘라 껍질을 제거하면서 동시에 얇게 돌려 깎는다.

4. 당근도 무와 같이 돌려 깎는다.

5. 돌려 깎기 한 오이, 무, 당근은 가늘게 채를 썰어 찬물에 담가둔다.

6. 싱싱해진 오이, 무, 당근은 2~3회 헹궈준 후 물기를 빼고 일정한 양으로 모양을 잡아 접시에 담는다.

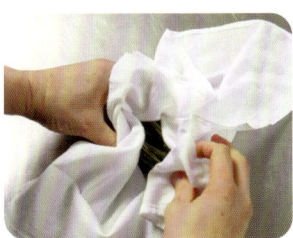

재 료

- 무 (둥근모양으로 지급) ············ 200g
- 오이 ····································· 1개
- 당근 ··································· 2/3개

 POINT

1. 세 가지 색의 갱(채)을 최대한 얇게 깎아야 하고 돌려 깎을 때 될 수 있으면 끊어지지 않게 하는 것이 좋다.

제3과제 광어회, 소고기양념튀김, 고등어간장구이
시험시간 1시간 40분

3-1 광어회

요구사항

※ 위생과 안전에 유의하여 주어진 재료로 다음과 같이 만드시오.

가. 광어는 손질하여 얇은 회(우수쯔쿠리)를 완성하여 접시에 담아내시오.

나. 무는 돌려깎기(가쯔라무끼)하여 사용하시오.

다. 접시에 담은 회 중앙에 무 갱을 담아내시오.

라. 폰즈와 야꾸미를 따로 담아내시오.

만드는 법

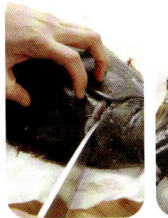

1. 광어는 비늘, 머리와 내장을 제거하여 깨끗이 씻어 수분을 제거한다.

2. 광어를 도마 위에 올려 배와 등지느러미에 각각 칼집을 넣어 등뼈를 중심으로 세 장 뜨기를 한다.

3. 지느러미살과 잔가시살을 발라내고 거즈에 받쳐 놓는다.

4. 광어는 결을 맞추어서 얇게 포를 떠서 접시에 시계 반대 방향으로 돌려가며 담는다.

5. 무는 껍질을 제거하면서 동시에 얇게 돌려 깎아 가늘게 채를 썰어 찬물에 담가둔다.

6. 남은 무는 강판에 갈아 헹궈서 고운 고춧가루를 입혀 빨간무즙(아카오로시)을 만든 후 레몬은 반달형, 실파(푸른 부분)는 곱게 썰어 야꾸미를 만든다.

7. 다시마로 다시물 만들어서 다시물 15mL, 진간장 15mL, 식초 15mL로 폰즈를 만든다.

8. 접시에 담은 회 중앙에 물기를 제거한 무 갱을 담아내고, 폰즈와 야꾸미를 따로 담아낸다.

재 료

- 광어 (500~700g) ·············· 1마리
- 무 (둥근모양으로 지급) ·········· 200g
- 진간장 ························ 15mL
- 고춧가루 ······················· 10g
- 식초 ·························· 15mL
- 레몬 ·························· 1/4개
- 실파 ················ 10g (1뿌리 정도)
- 건다시마 (5×10m) ··············· 1장
- 청자조기잎(깻잎으로 대체 가능) ··· 2장

 POINT

1. 광어 손질하여 뼈와 껍질을 따로 담아 조리대 위에 자신 있게 올려놓아 감독위원들에게 깊은 인상을 남긴다.
2. 우수쯔쿠리(광어 얇은 회)와 가쯔라무끼(무 돌려깎기) 연습을 많이 하여 능숙함을 보인다.

3-2 소고기양념튀김

요구사항

※ 위생과 안전에 유의하여 주어진 재료로 다음과 같이 만드시오.

가. 소고기는 결의 반대방향으로 가늘게 채 써시오.
나. 소고기에 양념을 한 후 달걀과 밀가루, 전분을 넣어 섞으시오.
다. 양념한 재료는 한숟가락씩 떠서 튀겨내시오.
라. 튀긴 당면 위에 소고기양념튀김을 올려내시오.

만드는 법

1. 튀김용 기름은 약불로 예열하고, 레몬은 반달모양으로 썰어준다.

2. 실파는 0.3cm로 곱게 송송 썰고, 마늘은 다진다.

3. 소고기는 핏물을 제거 후 결의 반대 방향으로 가늘게 채 썬다.

4. 믹싱볼에 소고기, 다진 마늘, 참기름 약간, 청주 5ml, 소금 2ml, 노른자, 전분 1Ts, 박력분 1Ts 으로 반죽을 한다.

5. 반죽이 어느 정도 섞이면 실파를 넣어 가볍게 섞어준다.

6. 180℃ 기름에 당면을 먼저 튀겨낸다.

7. 숟가락에 기름을 살짝 묻혀 ❹ 반죽을 떠서 튀겨낸다.

8. 체에 담아 서너 번 흔들 때 바삭한 소리가 나면 잘 튀겨진 것입니다.

9. 완성접시에 종이를 깔고 튀긴 당면과 소고기튀김을 올리고 레몬을 곁들여 마무리한다.

재 료

- 소고기 (등심) ············· 100g
- 실파 ················· 10g (1뿌리 정도)
- 참기름 ··············· 10mL
- 달걀 ················· 1개
- 전분 (감자전분) ·········· 30g
- 밀가루 (박력분) ·········· 30g
- 당면 ················· 10g
- 레몬 ················· 2/4개
- 청주 ················· 10mL
- 식용유 ··············· 450mL
- 마늘 ················· 1쪽
- 소금 ················· 5g
- 한지 (25cm 사각, A4용지 대체 가능) ··· 2장

 POINT

1. 소고기 반죽에 전분을 많이 넣으면 딱딱해지므로 유의하고, 반드시 한 숟가락씩 떠서 튀겨내어야 한다.
2. 튀길 때 처음에는 어느 정도 익을 때까지 온도를 낮추어 내부까지 익게 하고, 그 다음에는 온도를 높여 기름을 빼고 색을 낸다.
3. 종이 2장이 지급 되는데, 1장은 완성접시용, 1장은 당면과 소고기튀김 기름 제거용으로 적절하게 사용한다.

3-3 고등어간장구이

요구사항

※ 위생과 안전에 유의하여 주어진 재료로 다음과 같이 만드시오.

가. 고등어는 3장뜨기하여 쇠꼬챙이에 끼워 구워내시오.
나. 고등어는 간장구이(유안) 양념(유자, 간장, 맛술, 청주)에 재워 쇠꼬챙이를 이용하여 구워내시오.
다. 곁들임은 국화모양 초담금 무와 우엉조림으로 하시오.
라. 우엉은 볶아서 졸이시오.
마. 길이 10cm정도 고등어간장구이(유안야키) 2조각과 곁들임을 담아내시오.

만드는 법

1. 다시물을 준비한다.

2. 고등어는 길이 10cm로 잘라 내장과 가시를 제거하고 세장뜨기 하여 껍질쪽 X자 칼집 넣고 소금을 뿌려준다.

3. 우엉은 껍질을 벗기고 길이 6cm로 4등분으로 잘라 찬물에 담근 후 물기 제기 후 살짝 볶아준 후 다시물 1/2C, 간장 30mL, 맛술 15mL, 청주 15mL, 흰설탕 15g을 넣어 조려준 후 흰참깨를 한쪽에 묻히기.

4. ❷는 씻어 물기 제거 후 유자(레몬), 간장 15mL, 맛술 15mL, 청주 15mL에 재운다. → 쇠꼬챙이를 이용하여 타지 않게 노릇할 정도로 구워낸다.

5. 무는 3×3×3cm 크기로 맞춰 십자로 촘촘하게 칼집 넣고 초담금(다시물 15mL, 식초 15mL, 설탕 15g) 하기.

6. 깻잎은 찬물에 담그고, 유자(레몬)는 웰지형으로 썰고, 껍질은 포 떠서 곱게 다져서 초담금 무 위에 올려준다.

7. 접시에 고등어간장구이(유안야키) 2조각과 곁들임을 담아낸다.

재 료

- 고등어 (400~500g 정도) ········ 1마리
- 유자 (레몬으로 대체 가능) ······· 2/4개
- 깻잎 ······································ 2장
- 무 (둥근모양으로 지급) ··········· 50g
- 우엉 ···································· 60g
- 식용유 ································ 50mL
- 식초 ···································· 35mL
- 건다시마 (5×10m) ··················· 1장
- 진간장 ································· 40mL
- 흰설탕 ··································· 30g
- 청주 ···································· 30mL
- 흰참깨 (볶은 것) ························ 2g
- 맛술 ···································· 30mL
- 소금 ······································ 25g
- 쇠꼬챙이 (30cm 정도) ················· 2개

POINT

1. 고등어 손질에 유의하고 타지 않고 노릇노릇하게 구워주는 것이 중요하고, 곁들임 국화모양 초담금 무, 우엉조림에 신경 써야 한다.

2. 유자(레몬) 2/4개가 지급이 되는데 곁들임용, 간장구이 양념용에 적절히 배분하여 사용하여야 한다.

제4과제 된장국, 꼬치냄비, 모둠튀김
시험시간 1시간 40분

4-1 된장국

요구사항

※ 위생과 안전에 유의하여 주어진 재료로 다음과 같이 만드시오.

가. 다시마와 가다랑어포(가쓰오부시)로 가다랑어국물(가쓰오다시)을 만드시오.

나. 1cm × 1cm × 1cm로 썬 두부와 미역은 데쳐 사용하시오.

다. 된장을 풀어 한소끔 끓여내시오.

만드는 법

1. 다시마와 가다랑어포를 이용해 국물을 만든다.

2. 미역은 물에 불려 끓는 물에 살짝 데치고 두부는 사방 1cm 크기로 잘라 데쳐둔다.

3. 실파는 잘게 썰어 찬물에 헹구어 물기를 제거해 둔다.

4. 데쳐둔 미역과 두부를 그릇에 담고 준비된 가다랑어 국물에 된장을 풀어 살짝 끓인 후 체에 걸러 그릇에 담는다.

재 료

- 백된장 (일본된장) ·············· 40g
- 건다시마 (5×10cm) ············ 1장
- 두부 ······························· 20g
- 건미역 ···························· 5g
- 실파 ······························· 10g
- 산초가루 ························· 1g
- 청주 ······························· 10mL
- 가다랑어포 (가쓰오부시) ······ 3g

POINT

1. 된장국 건더기는 많이 넣지 말고 국물은 내기 전에 데워서 따뜻하게 제출한다.
2. 된장국은 오래 끓이면 안 되고, 국물양은 8부에 맞춰 제출한다.

4-2 꼬치냄비

▌요구사항

※ 위생과 안전에 유의하여 주어진 재료로 다음과 같이 만드시오.

가. 어묵(어묵)은 용도에 맞게 자르시오.

    (단, 사각형으로 된 어묵은 5cm정도로 잘라 사용한다.)

나. 다시마는 매듭을 만들고, 당근은 매화꽃 모양으로 만드시오.

다. 곤약은 길이 7cm, 폭 3cm정도 잘라서 꼬인 상태(⌇⌇)로 만들어 사용하시오.

라. 곤약, 무, 삶은 달걀은 조려 사용하시오.

마. 소고기, 실파, 목이버섯, 당면, 배추, 당근으로 일본식 잡채를 만들어 유부 주머니(후꾸로)에 넣어 데친 실파로 묶으시오.

바. 겨자와 간장을 함께 곁들이시오.

만드는 법

1. 물 400ml에 다시마+가스오부시 넣고 다시물 준비하고, 전처리용 물을 끓여 놓는다.
2. 건져낸 다시마는 10×1cm 정도 썰어 매듭지어 놓는다.

3. 겨자 발효 시켜서 종지에 간장과 곁들여 놓는다.
4. 당면은 따뜻한 물에 불리고 쑥갓은 찬물, 실파는 파란부분은 살짝 데친 후 유부주머니 묶음용으로 준비하고 흰부분은 유부주머니 속재료용으로 준비한다.

5. 곤약은 7×3×1cm로 자른 후 가운데에 칼집을 넣고 꼬인 상태로 만든다.
6. 무는 밤 크기로 다듬고, 당근은 매화꽃 모양을 만든다.

7. 사각형 오뎅은 5cm로 손질하고, 유부는 2mm 정도 한쪽 면을 잘라 살짝 데친다.
8. 끓는 물에 당근, 무, 곤약을 데치고, 삶아 진 달걀의 껍질은 벗겨서 데친 무, 곤약과 함께 가쓰오 다시물 50ml, 간장 30ml 넣고 색깔 나게 조려준다.

9. 후라이팬에 채 썬 소고기, 배추, 당근, 목이버섯, 당면, 실파를 볶으면서 소금, 후추로 간한다.
10. 데친 유부에 볶은 재료 채워서 데친 실파로 묶어 유부주머니를 만든다.

11. 데친 오뎅은 대꼬챙이에 일정한 크기로 2개 꽂아주고, 조린 달걀은 반 갈라 준비한다.
12. 완성냄비에 모든 재료를 담고 가쓰오 다시물 350ml, 맛술 15ml, 청주 15ml, 간장 30ml을 넣고 끓여주다가 불순물을 제거하고 약불로 줄여 쑥갓을 마지막에 곁들여서 ❸의 겨자 간장을 함께 제출한다.

재료

- 어묵 (사각형, 완자, 구멍난 것) … 180g
- 판곤약 …………………………… 50g
- 당근 (둥근모양으로 지급) ……1/2개
- 무 …………………………………… 100g
- 쑥갓 ………………………………… 5g
- 삶은 달걀 …………………………… 1개
- 유부 (사각유부주머니) …………… 2장
- 소고기 (살코기) …………………… 30g
- 실파 ………………………………… 50g
- 건목이버섯 ………………………… 1개
- 당면 ………………………………… 10g
- 배추 ………………………………… 50g
- 건다시마 (5×10cm) ……………… 1장
- 겨자가루 …………………………… 10g
- 가다랑어포 (가쓰오부시)………… 4g
- 진간장 ……………………………… 30mL
- 청주 ………………………………… 15mL
- 맛술 (미림) ………………………… 20mL
- 소금 ………………………………… 2g
- 식용유 ……………………………… 15mL
- 검은 후춧가루 ……………………… 5g
- 대꼬챙이 (20cm 정도)…………… 2개

POINT

1. 유부가 터지지 않게 하고, 실파를 2가지 용도(파란 부분을 유부주머니 2개 묶음용, 나머지 실파는 유부주머니 속재료용)로 사용하는 데에 유의한다.
2. 곤약, 무, 삶은 달걀은 간장을 많이 넣어야 색이 빨리 나므로 냄비에 조릴 때 옆으로 기울여 잘 잠기게 하는 것이 좋다.

4-3 모둠튀김

요구사항

※ 위생과 안전에 유의하여 주어진 재료로 다음과 같이 만드시오.

가. 새우, 오징어, 청피망, 표고버섯, 연근, 쑥갓을 튀기시오.
나. 오징어는 칼집을 넣어 사용하고, 새우는 구부러지지 않게 튀기시오.
다. 튀김소스(덴쯔유)와 야쿠미(무즙, 생강즙)를 곁들여 내시오.

만드는 법

1. 1번 다시(가쓰오다시)를 만든다.

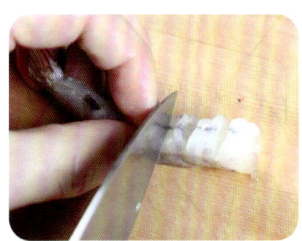

2. 새우는 내장과 껍질을 제거하고 안쪽에 대각선으로 칼집을 3회 정도 넣어 등을 눌러가며 길게 펼쳐준다.

3. 오징어는 칼집을 좌우 대각으로 솔방울 모양을 넣어 2×7cm 정도로 자른다.

4. 청피망은 2×7cm로 썰고, 표고버섯은 밑둥 제거 후 별 모양을 판다.

5. 쑥갓은 찬물에 담그고, 연근은 1cm 두께로 썰어 찬물에 담근다.

6. 야쿠미(강판에 간 무·생강·실파·레몬), 튀김소스(가쓰오 다시 100ml, 간장 20ml, 청주 20ml, 설탕 10g을 살짝 끓이기)를 종지에 담아 준비한다.

7. 튀김기름 예열 후 모든 재료에 박력분을 묻혀 놓는다.

8. 찬물에 달걀노른자를 넣어 반죽물 준비하고, 체 친 박력분 150cc+반죽물 100cc을 넣어 젓가락으로 저어 튀김반죽을 만들고 ❼을 묻혀 기름에 튀긴다.

9. 튀김이 떠오르면 붉은 튀김반죽을 뿌려 튀김 꽃을 살려 노릇하게 튀겨지면 건져 기름을 제거한다.

재 료

- 새우 (껍질 있는 것) … 3마리 (30~40g)
- 오징어 (몸살) …………………… 40g
- 청피망 (중) ………… 1/6개 (75g 정도)
- 생표고버섯 …………………… 1개
- 연근 …………………………… 30g
- 쑥갓 …………………………… 5g
- 밀가루 (박력분) ……………… 150g
- 달걀 …………………………… 1개
- 무 ……………………………… 50g
- 생강 …………………………… 50g
- 식용유 ………………………… 1L
- 가다랑어포 (가쓰오부시) ………… 3g
- 건다시마 (5×10cm) ………… 1장
- 청주 …………………………… 15mL
- 진간장 ………………………… 15mL
- 흰설탕 ………………………… 20g
- 한지 (25cm 사각, A4용지 대체 가능) … 2장

POINT

1. 튀김반죽의 농도를 잘 조절해야 튀김옷을 잘 피게 할 수 있다.
2. 종이 2장이 지급 되는데, 1장은 완성접시용, 1장은 튀김을 한 재료들 기름 제거용으로 적절하게 사용한다.

| 제5과제 | 광어회, 튀김우동, 달걀말이 |
| 시험시간 | 1시간 40분 |

5-1 광어회

요구사항

※ 위생과 안전에 유의하여 주어진 재료로 다음과 같이 만드시오.

가. 광어는 손질하여 얇은 회(우수쯔쿠리)를 완성하여 접시에 담아내시오.

나. 무는 돌려깎기(가쯔라무끼)하여 사용하시오.

다. 접시에 담은 회 중앙에 무 갱을 담아내시오.

라. 폰즈와 야꾸미를 따로 담아내시오.

만드는 법

재 료

- 광어 (500~700g) ·················· 1마리
- 무 (둥근모양으로 지급) ············ 200g
- 진간장 ································· 15mL
- 고춧가루 ······························· 10g
- 식초 ··································· 15mL
- 레몬 ··································· 1/4개
- 실파 ·················· 10g (1뿌리 정도)
- 건다시마 (5×10m) ················· 1장
- 청자조기잎(깻잎으로 대체 가능) ··· 2장

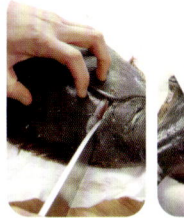
광어는 비늘, 머리와 내장을 제거하여 깨끗이 씻어 수분을 제거한다.

2 광어를 도마 위에 올려 배와 등지느러미에 각각 칼집을 넣어 등뼈를 중심으로 세 장 뜨기를 한다.

3 지느러미살과 잔가시살을 발라내고 거즈에 받쳐 놓는다.

4 광어는 결을 맞추어서 얇게 포를 떠서 접시에 시계 반대 방향으로 돌려가며 담는다.

5 무는 껍질을 제거하면서 동시에 얇게 돌려 깎아 가늘게 채를 썰어 찬물에 담가둔다.

6 남은 무는 강판에 갈아 헹궈서 고운 고춧가루를 입혀 빨간무즙(아카오로시)을 만든 후 레몬은 반달형, 실파(푸른 부분)는 곱게 썰어 야꾸미를 만든다.

7 다시마로 다시물 만들어서 다시물 15mL, 진간장 15mL, 식초 15mL로 폰즈를 만든다.

8 접시에 담은 회 중앙에 물기를 제거한 무 갱을 담아내고, 폰즈와 야꾸미를 따로 담아낸다.

POINT

1. 광어 손질하여 뼈와 껍질을 따로 담아 조리대 위에 자신 있게 올려놓아 감독위원들에게 깊은 인상을 남긴다.
2. 우수쯔쿠리(광어 얇은 회)와 가쯔라무끼(무 돌려깎기) 연습을 많이 하여 능숙함을 보인다.

5-2 튀김우동

요구사항

※ 위생과 안전에 유의하여 주어진 재료로 다음과 같이 만드시오.

가. 우동면을 삶아 사용하시오.

나. 다시마와 가다랑어포(가쓰오부시)로 다시물을 만들어 우동국물을 만드시오.

다. 새우, 오징어, 고구마, 표고버섯, 쑥갓을 튀겨 사용하시오.

라. 오징어는 칼집을 넣어 사용하고, 새우는 구부러지지 않게 튀기시오.

마. 우동에 튀김을 올려내시오.

만드는 법

1. 1번 다시(가쓰오다시)를 만든다.
2. 새우는 내장과 껍질을 제거하고 안쪽에 대각선으로 칼집을 3~5회 정도 넣어 등을 눌러가며 길게 펼쳐준다.
3. 오징어는 칼집을 좌우대각으로 솔방울 모양을 넣어 2×8cm 정도로 자른다.
4. 고구마는 길이 5cm로 편 썰어 준비하고, 생표고버섯은 별 모양을 깎는다.
5. 쑥갓은 찬물에 담근다.(튀김용)
6. 모든 재료에 박력분을 묻혀 놓는다.

7. 달걀 3개 중 2개는 골고루 풀어서 체에 내려 끓는 소금물에 익혀 거즈로 싸서 김발에 말아 후끼요세다마고를 만든다.

8. 찬물에 달걀노른자를 넣어 풀어주고 체 친 박력분을 넣어 젓가락으로 저어 튀김반죽을 만들고 튀김 재료에 묻혀 기름에 튀긴다.

9. 튀김이 떠오르면 묽은 튀김반죽을 뿌려 튀김 꽃을 만든 다음 노릇하게 튀겨지면 건져 기름을 제거한다.

10. 우동면을 끓는 물에 삶아 준비한다.

11. ❶ 400mL에 진간장 15mL, 청주 15mL, 맛술 15mL 넣고 끓여준다.
12. 완성 냄비에 우동면 담고 ❶을 부어 준 후 튀김을 올려 마무리한다.

재 료

- 우동면 (생우동면) ············ 150g
- 새우 (껍질 있는 것) ··· 1마리 (30~40g)
- 오징어 (몸살, 5cm이상) ········· 30g
- 고구마 (중) ·················· 20g
- 생표고버섯 ···················· 1개
- 쑥갓 ························· 20g
- 달걀 ·························· 3개
- 가다랑어포 (가쓰오부시) ········ 10g
- 건다시마 (5×10cm) ·············· 1장
- 밀가루 (박력분) ·············· 100g
- 식용유 ······················ 500mL
- 청주 ························ 15mL
- 맛술 ························ 15mL
- 진간장 ······················ 15mL

POINT

1. 요구사항에는 없지만 일식조리산업기사 5형 공개문제에 달걀이 총 9개가 지급이 되는데, 달걀 6개는 달걀말이 과제에 사용, 3개는 튀김우동 과제 중 후끼요세다마고에 2개+튀김반죽에 1개를 적절하게 사용한다.
2. 튀김반죽의 농도를 잘 조절해서 튀김옷을 잘 피운다.

5-3 달걀말이

요구사항

※ 위생과 안전에 유의하여 주어진 재료로 다음과 같이 만드시오.

가. 달걀과 가쓰오다시, 소금, 설탕, 미림(맛술)을 섞어 체에 걸러 사용하시오.

나. 젓가락을 사용하여 달걀말이 한 후 김발을 이용하여 사각모양을 만드시오.

다. 길이 8cm, 높이 2.5cm, 두께 1cm 정도로 8개를 만드시오.

라. 달걀말이와 간장무즙을 접시에 담아내시오.

만드는 법

1. 깻잎은 찬물에 담가주고, 물 100ml 에 다시마+가스오부시 넣고 다시물 준비(찬물을 밭쳐서 재빨리 식혀주기)한다.

2. 큰 믹싱볼에 달걀 6개를 골고루 풀어서 가쓰오 다시물 50ml, 설탕 20g, 맛술 20ml, 소금 5g을 넣고 젓가락으로 섞어서 체에 걸러준다.

3. 무는 강판에 갈아 찬물에 헹궈 물기를 제거하고 간장을 섞어 준비한다.

4. 달걀말이팬을 달군 후 달걀물을 한 국자씩 부어가며 젓가락을 사용해 달걀이 덜 익은 상태에서 달걀을 위에서 아래로 3~4cm 폭으로 말아준다.

5. 달걀말이가 완성되면 김발로 감싸 모양을 잡아주고 살짝 식힌 후 8등분 하여 접시에 깻잎을 깔아 그 위에 담고 ❸의 간장무즙을 올려 완성한다.

재 료

- 달걀 ······································ 6개
- 무 (둥근모양으로 지급) ·········· 100g
- 흰설탕 ································· 20g
- 건다시마 (5×10cm) ··············· 1장
- 소금 ····································· 5g
- 식용유
- 가다랑어포 (가쓰오부시) ··········· 10g
- 맛술 ································· 20mL
- 진간장 ································· 5g
- 청차조기잎 (깻잎으로 대체 가능) ··· 1장

 POINT

1. 달걀말이할 때 팬을 그대로 두고 하면 어려움이 있으므로 팬을 들면서 동시에 젓가락을 이용해서 살짝 뒤집으면서 작업을 한다.
2. 평소 많은 연습을 하여야 작품이 잘 나온다.
3. 가쓰오다시물은 반드시 식혀서 달걀에 섞어 사용해야 한다.

◆ 수험자 유의사항 ◆

※ **다음 유의사항을 고려하여 요구사항을 완성합니다.**

(1) 조리산업기사로서 갖추어야 할 숙련도, 재료관리, 작품의 예술성을 나타내어야 합니다.
(2) 시설은 지정된 것을 사용하여야 하고 지정된 지참공구목록 이외의 조리기구 또는 재료를 시험장내에 지참할 수 없습니다.
(3) 지급재료는 1회에 한하여 지급되며 재 지급은 하지 않습니다.
 (단, 수험자가 시험 시작 전 지급된 재료를 검수하여 재료가 불량하거나 양이 부족하다고 판단될 경우에는 즉시 시험위원에게 통보하여 교환 또는 추가지급을 받도록 합니다.)
(4) 위생복, 위생모, 앞치마를 착용하여야 하며, 시험장비, 가스레인지(가스밸브 개폐기 사용), 조리도구 등을 사용할 때에는 안전사고 예방에 유의합니다.
(5) 다음 사항에 대해서는 채점대상에서 제외하니 특히 유의하시기 바랍니다.

> ***기 권**
>   수험자 본인이 시험 도중 시험에 대한 포기 의사를 표하는 경우
> ***실 격**
>   ① 불을 사용하여 만든 조리작품이 작품특성에 벗어나는 정도로 타거나 익지 않은 경우
>   ② 위생복, 위생모, 앞치마를 착용하지 않은 경우
>   ③ 시험 중 시설·장비(칼, 가스레인지 등) 사용 시 감독위원 및 타수험자의 시험 진행에 위협이 될 것으로 감독위원 전원이 합의하여 판단한 경우
>   ④ 독제거 작업과 작업 후 안전처리가 완전하지 않은 경우
> ***미완성**
>   시험시간 내에 작품을 제출하지 못한 경우
> ***오 작**
>   굳힘을 조림으로 조리하는 등과 같이 완성품을 요구사항과 다르게 만든 경우

(6) 완료된 작품은 지정한 장소에 시험시간 내에 제출하여야 합니다.
(7) 가스레인지 화구는 2개까지 사용 가능합니다.
(8) 작품을 제출한 다음 본인이 조리한 장소의 주변을 깨끗이 청소하고 조리기구를 정리 정돈한 후 시험위원의 지시에 따라 퇴실합니다.
(9) 시험시작 전 가벼운 몸 풀기(스트레칭) 동작으로 긴장을 풀고 시험을 시작합니다.

제5부
복어조리산업기사
실기 3품목

Chapter 1.
복어회 | 복어맑은탕 | 복껍질굳힘(니꼬고리)

| 제1과제 | 복어회, 복어맑은탕, 복껍질굳힘(니꼬고리) |
| 시험시간 | 1시간 30분 |

1-1 복어회

요구사항

※ 위생과 안전에 유의하여 주어진 재료로 다음과 같이 만드시오.

가. 복어는 시험시작 후 15분 이내 식용부위와 비식용부위 분리하고, 네임택(Name-Tag)에 부위별 명칭을 기록하여 감독위원의 확인을 받으시오.

나. 복의 겉껍질과 속껍질을 분리·손질하여 복어회에 사용하시오.

다. 복어회에 지느러미를 사용하여 장식하시오.

라. 복어맑은탕 국물이 맑게 나오도록 복어를 데쳐서 사용하시오.

마. 복어맑은탕 완성품은 접시에 담아 감독위원의 확인을 받은 다음, 냄비에 담아 익혀내시오.

바. 껍질굳힘은 젤라틴을 사용해도 무방하며 필요시 냉장고를 이용하시오.

사. 복어회, 복어맑은탕, 복껍질굳힘(니꼬고리)을 완성하여 제출하시오.

아. 복어회, 복어맑은탕의 야꾸미와 폰즈를 만들어 따로 담아내시오.

자. 복어는 맹독성이므로 소제작업과 제독작업을 철저히 하시오.

만드는 법

재 료

- 복어 ·················· 1마리 (1kg 정도)
  (시험 전까지 해동하여 지급)
- 미나리 ································· 30g
- 포스트잇 (1.5×5cm) ············· 13장

1 복어 손질 후 15분 이내 비식용부위를 분리하여 네임택에 부위별 명칭을 기록하여 감독위원의 확인을 받고 폐기하고, 지느러미 2장은 말린다. (복어회 곁들임용)

2 미나리는 줄기 부분만 5cm로 잘라 준비한다.

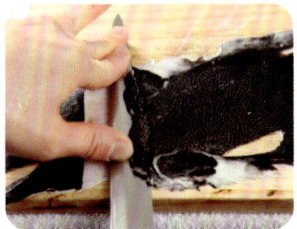

3 가시 제거한 복어껍질은 끓는 물에 살짝 데쳐서 찬물에 담가 충분히 식혀준다.

4 껍질은 5cm로 곱게 채 썰어 놓는다.

5 복어살은 7cm 길이로 시계 반대방향으로 돌려 담는다.

6 완성 접시에 복어회, 복어껍질, 미나리, 말린 지느러미를 곁들여 완성한다.

POINT

1. 15분 이내 식용부위와 비식용부위 분리를 신속·정확하게 하고, 반드시 감독위원에게 확인받는다.
2. 복어회는 **국화꽃모양**이나 **학모양** 중 선택하여 완성한다.
3. 복어 가시 제거 연습을 평소에 많이 하여 감독위원들에게 깊은 인상을 남긴다.

1-2 복어맑은탕

요구사항

※ 위생과 안전에 유의하여 주어진 재료로 다음과 같이 만드시오.

가. 복어는 시험시작 후 15분 이내 식용부위와 비식용부위 분리하고, 네임택(Name-Tag)에 부위별 명칭을 기록하여 감독위원의 확인을 받으시오.

나. 복의 겉껍질과 속껍질을 분리·손질하여 복어회에 사용하시오.

다. 복어회에 지느러미를 사용하여 장식하시오.

라. 복어맑은탕 국물이 맑게 나오도록 복어를 데쳐서 사용하시오.

마. 복어맑은탕 완성품은 접시에 담아 감독위원의 확인을 받은 다음, 냄비에 담아 익혀내시오.

바. 껍질굳힘은 젤라틴을 사용해도 무방하며 필요시 냉장고를 이용하시오.

사. 복어회, 복어맑은탕, 복껍질굳힘(니꼬고리)을 완성하여 제출하시오.

아. 복어회, 복어맑은탕의 야꾸미와 폰즈를 만들어 따로 담아내시오.

자. 복어는 맹독성이므로 소제작업과 제독작업을 철저히 하시오.

만드는 법

1. 1번 다시물을 준비한다.

2. 미나리는 줄기 부분만 5cm로 잘라 준비한다(굵은 부분).

3. 무(은행잎 모양), 당근(매화꽃 모양) 준비하고, 끓는 물에 충분히 데쳐서 찬물에 식혀준다.

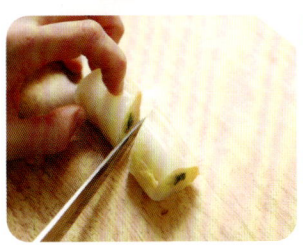

4. 배추잎, 미나리 자투리 부위는 살짝 데쳐서 김발을 사용하여 배추말이를 단단하게 말아준다.

5. 대파는 어슷 썰고, 표고버섯은 별 모양을 낸다.

6. 두부는 5×4cm, 두께 1cm로 자르고, 찹쌀떡은 겉면만 살짝 구워준다.

7. 팽이버섯은 밑둥 정리 후 5cm로 자르고, 손질한 복어 뼈는 충분히 데쳐서 찬물에 꼼꼼하게 씻어 불순물을 제거한다.

8. 복어맑은탕 완성품(데친 복어 뼈+채소), 다시물, 야꾸미(실파 송송, 레몬 반달, 무즙), 폰즈(다시물1 : 간장1 : 식초1) 등 사라모리 작업을 하여 감독위원에게 반드시 체크를 받고 완성냄비에 담아서 작업을 진행한다.

9. 완성냄비에 모든 재료를 담고 다시물 350ml, 맛술 15ml, 청주 15ml, 간장 5ml을 넣고 끓여주다가 불순물을 제거하고 약불로 낮춘 후 팽이버섯을 올려 완성한다.

재 료

- 복어 ·················· 1마리 (1kg 정도)
  (시험 전까지 해동하여 지급)
- 배추 ························· 150g
- 대파 (흰부분 4cm정도) ······· 1토막
- 가다랑어포 (가쓰오부시) ········· 5g
- 두부 ·························· 70g
- 무 ··························· 200g
- 생표고버섯 (중) ················ 1개
- 실파 (20g 정도) ············· 2뿌리
- 고운 고춧가루 ················· 10g
- 레몬 ························ 1/4개
- 식초 ······················· 100mL
- 진간장 ····················· 100mL
- 건다시마 ······················ 10g
- 청주 ························ 50mL
- 미나리 ························ 30g
- 팽이버섯 ····················· 1/3봉
- 맛술 (미림) ·················· 50mL
- 당근 ·························· 80g
- 찹쌀떡 (가래떡 대체 가능) ······ 30g
- 젤라틴 ························ 10g
- 청차조기잎 (시소/깻잎 대체 가능) ··· 1장
- 생강 ·························· 20g
- 포스트잇 (1.5×5cm) ········· 13장

POINT

1. 복어맑은탕은 냄비에 넣기 전 사라모리 작업을 하여 반드시 감독위원에게 확인을 받고 냄비에 끓여서 익혀 완성 시킨다.

1-3 복껍질굳힘(니꼬고리)

요구사항

※ 위생과 안전에 유의하여 주어진 재료로 다음과 같이 만드시오.

가. 복어는 시험시작 후 15분 이내 식용부위와 비식용부위 분리하고, 네임택(Name-Tag)에 부위별 명칭을 기록하여 감독위원의 확인을 받으시오.

나. 복의 겉껍질과 속껍질을 분리·손질하여 복어회에 사용하시오.

다. 복어회에 지느러미를 사용하여 장식하시오.

라. 복어맑은탕 국물이 맑게 나오도록 복어를 데쳐서 사용하시오.

마. 복어맑은탕 완성품은 접시에 담아 감독위원의 확인을 받은 다음, 냄비에 담아 익혀내시오.

바. 껍질굳힘은 젤라틴을 사용해도 무방하며 필요시 냉장고를 이용하시오.

사. 복어회, 복어맑은탕, 복껍질굳힘(니꼬고리)을 완성하여 제출하시오.

아. 복어회, 복어맑은탕의 야꾸미와 폰즈를 만들어 따로 담아내시오.

자. 복어는 맹독성이므로 소제작업과 제독작업을 철저히 하시오.

만드는 법

1. 청자조기잎은 찬물에 담근다.

2. 4cm로 채 썬 복어껍질+다시물 160ml, 생강채, 레몬 껍질채, 가루 젤라틴, 간장 15ml, 청주 5ml, 맛술 5ml을 넣고 끓인다.

3. 얼음물로 받쳐 식혀 주면서 실파(송송 썬 것)를 섞어 굳힐 용기에 넣어 냉장고에 재빨리 넣어준다.

4. 니꼬고리는 완전히 굳으면 동일한 크기로 6등분 내어 접시에 청자조기잎과 함께 곁들여 완성한다.

재 료

- 복어 ·················· 1마리 (1kg 정도)
  (시험 전까지 해동하여 지급)
- 배추 ································· 150g
- 대파 (흰부분 4cm정도) ········1토막
- 가다랑어포 (가쓰오부시)············ 5g
- 두부 ·································· 70g
- 무 ··································· 200g
- 생표고버섯 (중) ···················· 1개
- 실파 (20g 정도) ················2뿌리
- 고운 고춧가루 ······················ 10g
- 레몬 ······························· 1/4개
- 식초 ······························· 100mL
- 진간장 ···························· 100mL
- 건다시마 ···························· 10g
- 청주 ·······························50mL
- 미나리 ······························ 30g
- 팽이버섯 ························· 1/3봉
- 맛술 (미림) ······················50mL
- 당근 ·································· 80g
- 찹쌀떡 (가래떡 대체 가능) ········ 30g
- 젤라틴 ······························ 10g
- 청차조기잎 (시소/깻잎 대체 가능) ··· 1장
- 생강 ·································· 20g
- 포스트잇 (1.5×5cm) ············ 13장

POINT

1. 복껍질굳힘(니꼬고리)은 굳힐 용기에 미리 작업을 하여 넉넉한 시간을 투자하여 냉장고에 식혀주어야 잘 굳는다.

부록 : 광어, 도미, 복어 손질법

▶ 광어 손질법

1 머리(척추) 부분에 칼집을 넣어 뼈를 끊어주고 꼬리 부분도 칼집을 넣어 피를 뺀다.

2 양 옆면의 지느러미 바로 밑으로 칼집을 넣어 머리를 떼어낸다.

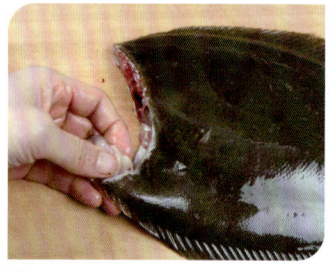 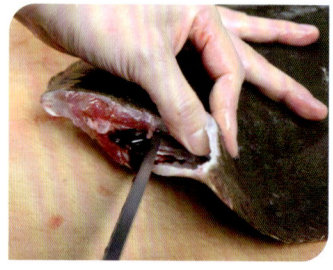 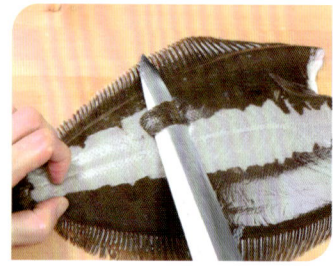

3 몸통의 내장을 꺼내고 손가락을 넣어 안쪽에 붙어 있는 알도 떼어낸다.

4 내장을 제거 한 후 칼을 세워 피맺힘(血合) 부분의 피를 긁어낸다.

5 사시미칼을 이용하여 비늘을 벗겨 낸다.

6 머리를 오른쪽으로 향하게 놓고 날개 지느러미 옆에 칼끝을 살짝 넣고 꼬리 쪽 에서부터 머리 쪽으로 칼집을 넣어 준다.

7 데바칼을 이용하여 지느러미 쪽에 가볍게 칼을 넣어 준다.

8 중간 뼈 있는 곳까지 포를 뜬다.

9 칼을 비스듬히 하여 위쪽에 붙어있는 뼈를 끊어 준다.

10 중간 뼈를 넘어 다시 칼을 넣어 완전히 포를 떠낸다.

11 생선을 뒤집어11에서 13과 같은 방법으로 포를 떠낸다.

12 세장 뜨기 한 모습. (산마이 오로시)

13 포를 떠낸 광어 살의 중간 부위에 있는 힘줄 부분을 제거한다.

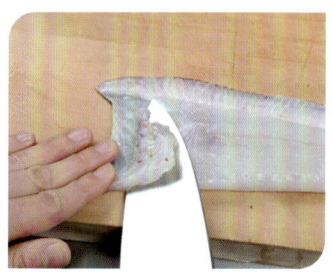

14 내장이 있던 부위의 갈비뼈를 떼어낸다.

15 다섯장 뜨기 한 모습 (고마이 오로시)

16 꼬리 쪽에 15도 정도 각도로 칼집을 넣어 자리를 만든 후 머리 방향으로 칼을 넣는다.

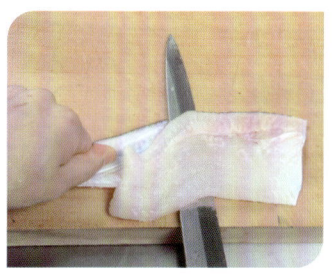

17 왼손과 오른손을 서로 반대 방향으로 당기며 껍질을 벗겨낸다.

부록 : 광어, 도미, 복어 손질법

▶ 도미 손질법

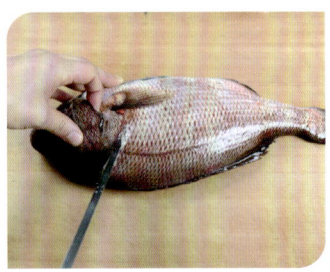

1 머리(척추) 부분에 칼집을 넣어 뼈를 끊어준다.

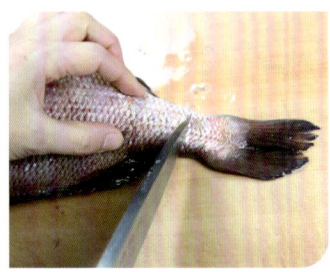

2 꼬리 부분도 칼집을 넣어 피를 뺀다.

3 꼬리 쪽에서 머리 쪽으로 비늘을 벗겨 낸다.

4 아가미 부분의 얇은 막을 제거하고 손가락으로 아가미를 살짝 들어 올린 후 연결부위를 칼끝을 이용하여 잘라 준다.

5 배꼽부분에서 아가미 방향으로 칼집을 넣어 배를 가른다.

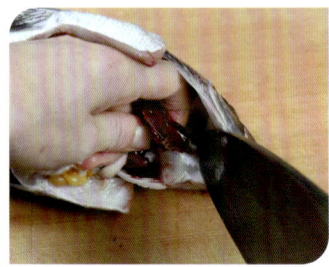

6 아가미와 내장과 몸체의 연결부분을 떼어낸다.

7 내장이 터지지 않게 주의하며 아가미와 함께 몸통에서 분리한다.

8 배지느러미 아래에서부터 옆지느러미 사이로 대각선으로 칼을 넣어 머리를 떼어낸다.

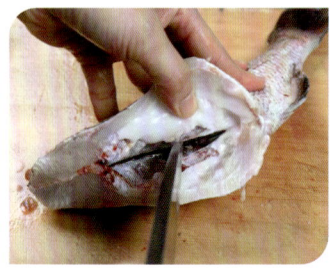

9 칼끝으로 남아있는 내장과 피 맺힘(血솜)부위의 피를 깨끗이 제거 하고 흐르는 물에 깨끗이 씻어낸다.

10 수분을 제거하고 배쪽에 칼을 넣어 중간 뼈까지 포를 뜬다.

11 붙어있는 갈비뼈 부분을 칼끝을 이용하여 잘라준 다음 남은 부분도 완전히 포를 떠준다.

12 반대쪽도 같은 방법으로 포를 떠 준다. (세장 뜨기한 모습)

13 최대한 뱃살 부분에 손실이 생기지 않도록 주의하며 갈비뼈를 분리한다.

14 중간에 잔가시와 혈합육을(血合-치아이) 제거한다.

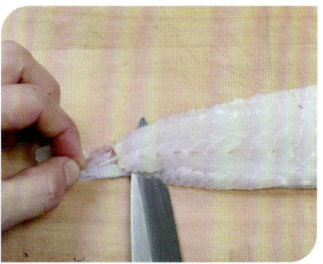

15 꼬리 쪽에 살짝 칼집을 넣어 껍질을 벗기기 쉽도록 자리를 만든다.

16 칼을 바닥에 밀착시켜 왼손과 오른손을 각각 반대 방향으로 당기면서 껍질을 벗겨낸다.

부록 : 광어, 도미, 복어 손질법

▶ 복어 손질법

 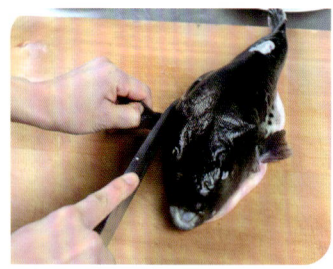 

1 머리를 왼쪽으로 놓고 꼬리지느러미를 제외한 등지느러미, 배지느러미, 좌우 지느러미를 자른다.

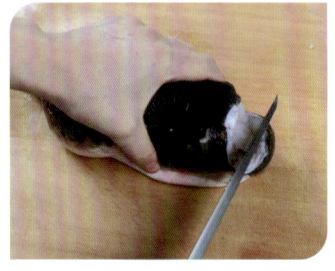 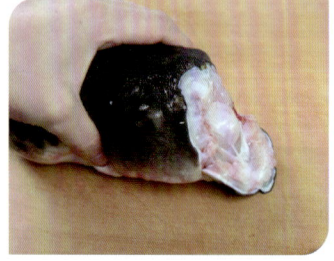 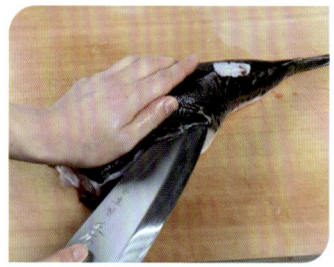

2 머리를 오른쪽으로 놓고 코의 숨구멍 부분에 칼을 넣어 주둥이를 절반정도 잘란 낸다.

3 복어의 혀가 잘리지 않도록 주의하며 주둥이를 완전히 떼어낸다.

4 머리를 몸 쪽으로 놓고, 눈 옆으로 칼을 넣어 껍질을 따라 칼집을 낸다.

  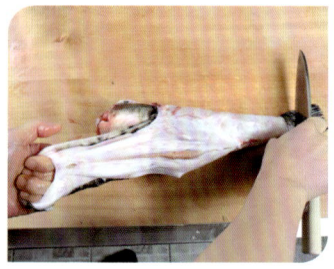

5 다음은 꼬리를 몸 쪽으로 놓고 반대편의 껍질을 따라 칼집을 넣는다.

6 꼬리부분에 붙어있는 껍질을 살짝 떼어낸 다음 칼로 꼬리지느러미를 잡고 왼손으로 껍질을 당겨 분리한다.

7 복어를 뒤집어 배 부분의 껍질도 위와 같은 방법으로 분리 한다.

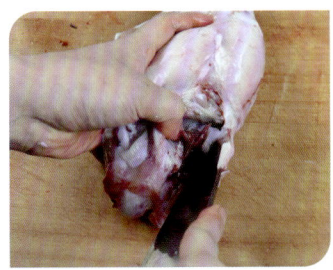 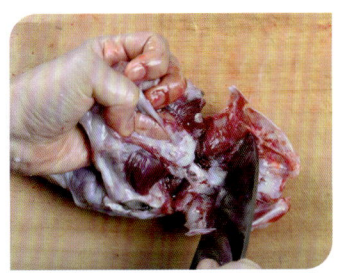 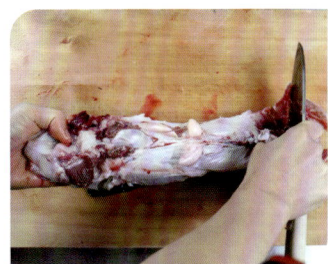

8 배를 위로하고 양 옆의 아가미 뼈에 칼집을 넣어 등뼈에 닿을 때까지 자른다.

9 배를 위로 하고 왼편 손으로 아가미 부분을 잡고 아가미 쪽이 붙어있는 부분을 잘라낸 다.

10 칼로 목 부분을 누르고 왼쪽 속으로 아가미 부분을 잡고 항문까지 잡아당겨 내장과 몸통을 분리 한다.

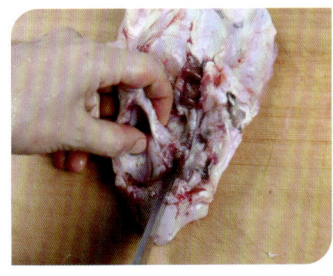 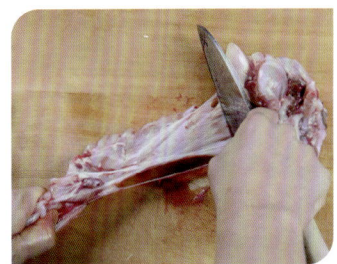 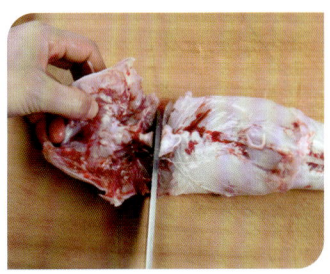

11 내장과 붙어 있는 아가미를 떼어내고 남아있는 갈비뼈에 칼을 넣어 양 옆으로 벌린다.

12 벌려놓은 갈비뼈를 칼로 밀면서 내장과 갈비뼈 부분을 분리 한다.

13 몸통에 붙어있는 머리를 잘라 낸다.

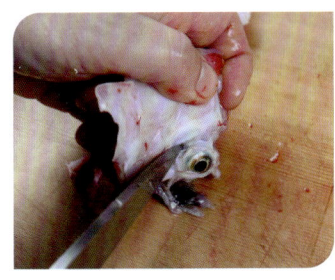 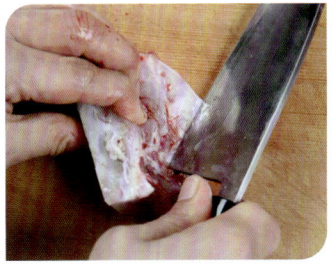

14 분리해 낸 머리는 세로로 둘로 자른 다음 눈알을 칼로 원을 그리듯이 하여 도려낸다.

15 분리해낸 머리와 갈비뼈 살의 끈적끈적한 불순물이나 피가 맺혀 있는 부분을 칼날 맨 뒤를 사용하여 깨끗이 제거한다.

부록 : 광어, 도미, 복어 손질법

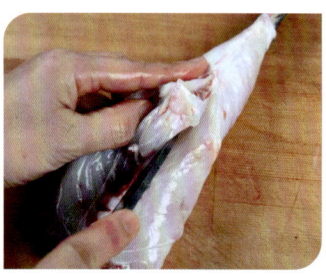

16 몸통에 붙어있는 배꼽 살을 V자 형태로 칼을 넣어 떼어 낸다.

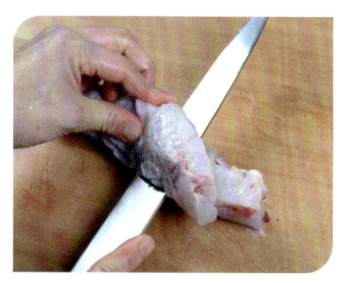

17 머리 쪽에서부터 꼬리 쪽으로 칼을 넣어 살을 분리한다.

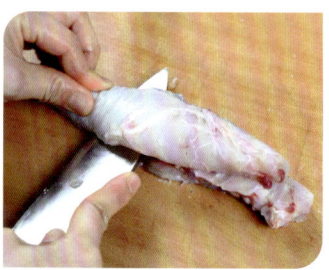

18 반대편도 같은 방법으로 포를 뜬다.

19 복어의 살과 뼈를 3장 뜨기 한 상태

20 꼬리 쪽 끝의 살 부분에 붙은 껍질을 벗긴 다음 반쯤 회전 시켜서 머리 방향으로 계속 벗긴다. 머리 쪽에서 배 살 부분의 껍질 쪽으로 뒤집어 계속해서 껍질을 벗긴다.

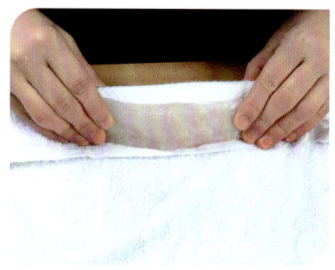

21 손질된 살은 마른 면포에 싸서 보관한다.

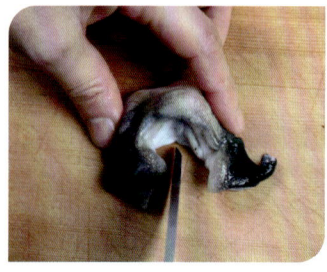

22 복어의 주둥이를 세로로 하여 주둥이 부분의 입 끝 이빨 중앙 부분에 칼을 넣어 분리하여 소금으로 문질러 불순물을 제거한다.

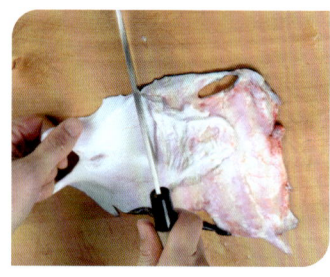

23 처음 분리한 껍질을 칼로 긁어 속껍질과 겉껍질로 분리한다.

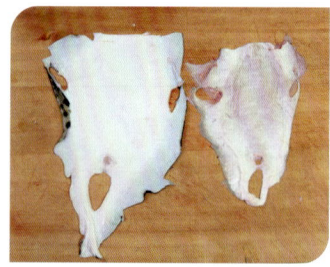

24 속껍질과 겉껍질을 분리한 상태

25 껍질을 도마에 고르게 밀착시켜 펴놓고 사시미 칼을 이용하여 가시부분을 제거한다.

▶ 가식부위

복어 뼈(머리 뼈, 중간 뼈), 주둥이, 지느러미, 껍질(배·등쪽), 갈비, 몸통살, 개구리살, 꼬리살, 배꼽살, 정소

▶ 불 가식부위

난소, 간장, 위장, 심장, 아가미, 담낭, 방광, 부레, 눈, 비장, 신장

부록 : 광어, 도미, 복어 손질법

▶ 복어 내장(비가식 부위) 분리 11가지

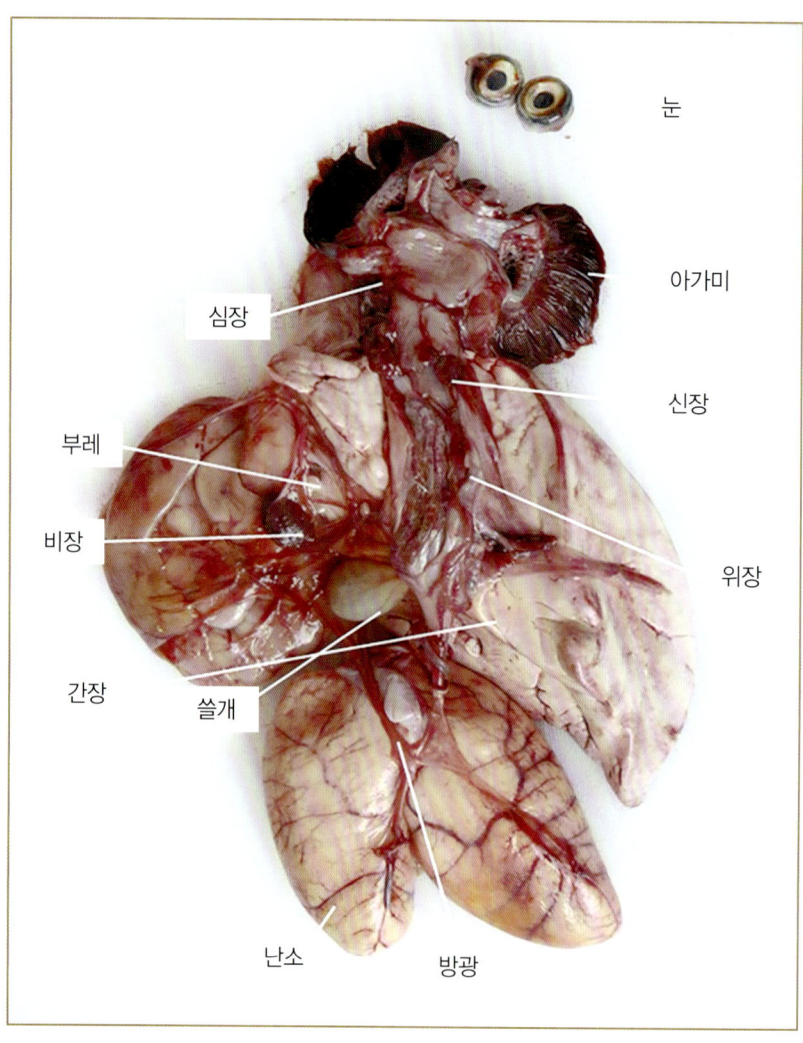

정소(수컷)	난소(암컷)
표면이 우유빛이며 흰색이고 혈관이 없으며 식용 가능함	표면이 난황색으로 많은 혈관이 보이며 미세한 조직의 입자를 보이며 식용 불가함

▶ 복어조리 산업기사 총 정리

● 요구사항

가. 복어는 시험시작 후 15분 이내 식용부위와 비식용부위 분리하고, 네임택(Name-Tag)에 부위별 명칭을 기록하여 감독위원의 확인을 받으시오.
나. 복의 겉껍질과 속껍질을 분리 · 손질하여 복어회에 사용하시오.
다. 복어회에 지느러미를 사용하여 장식하시오.
라. 복어맑은탕 국물이 맑게 나오도록 복어를 데쳐서 사용하시오.
마. 복어맑은탕 완성품은 접시에 담아 감독위원의 확인을 받은 다음, 냄비에 담아 익혀내시오.
바. 껍질굳힘은 젤라틴을 사용해도 무방하며 필요시 냉장고를 이용하시오.
사. 복어회, 복어맑은탕, 복껍질굳힘(니꼬고리)을 완성하여 제출하시오.
아. 복어회, 복어맑은탕의 야꾸미와 폰즈를 만들어 따로 담아내시오.
자. 복어는 맹독성이므로 소제작업과 제독작업을 철저히 하시오.

● 지급재료목록

복어(1마리, 1kg 정도, 시험 전까지 해동하여 지급), 배추 150g, 대파(1토막, 흰부분 4cm정도), 가다랑어포(가쓰오부시) 5g, 두부 70g, 무 200g, 생표고버섯(1개, 중), 실파(2뿌리, 20g 정도), 고운 고춧가루 10g, 레몬 1/4개, 식초 100mL, 진간장 100mL, 건다시마 10g, 청주 50mL, 미나리 30g, 팽이버섯 1/3봉, 맛술(미림) 50mL, 당근 80g, 찹쌀떡(30g, 가래떡 대체 가능), 젤라틴 10g, 청차조기잎(1장, 시소/깻잎 대체 가능), 생강 20g, 포스트잇(13장, 1.5×5cm)

● 만드는 방법

1. 복어 손질 후 15분 이내 비식용부위를 분리하여 네임택에 부위별 명칭을 기록하여 감독위원의 확인을 받고 폐기하고, 지느러미 2장은 말린다. (복어회 곁들임용)
2. 1번 다시를 준비한다.
3. 청차조기잎은 찬물에 담근다.
4. 미나리는 줄기 부분만 5cm로 잘라 준비한다.(회, 맑은탕 용)
5. 무(은행잎 모양), 당근(매화꽃 모양) 준비한다.
6. 무, 당근, 배추, 미나리 자투리 부위를 삶아주고, 배추잎은 김발에 올려 미나리 자투리, 실파 줄기와 함께 굵고 단단하게 말아준다.
7. 대파는 어슷하게 잘라놓고, 표고버섯은 별 모양을 낸다.

부록 : 광어, 도미, 복어 손질법

8. 두부는 5×4cm, 두께 1cm로 자른다.
9. 팽이버섯은 5cm로 자르고, 찹쌀떡은 겉면을 구워준다.
10. 레몬은 반달 모양으로 자르고, 무는 강판에 갈아 헹궈서 고운 고춧가루를 입혀 빨간무즙을 만들고, 실파는 송송 썰어 야꾸미를 만들어 놓는다.
11. 폰즈(다시물 1 : 간장 1 : 식초 1)를 만들어 놓는다.
12. 가시제거 한 복어껍질은 끓는 물에 살짝 데쳐서 찬물에 담가 충분히 식혀 주고, 손질한 복어 뼈를 데쳐서 찬물에 꼼꼼하게 씻어 물기를 제거한다.
13. 껍질은 4cm로 곱게 채 썰어(복어회 용, 니꼬고리 용) 놓는다.
14. 다시물 160mL에 복 껍질과 생강채, 레몬껍질, 가루 젤라틴, 간장 15mL, 청주 5mL, 맛술 5mL을 넣고 끓인다.
15. 얼음물로 식혀 주면서 실파를 섞어 굳힐 용기에 넣어 냉장고에 넣는다.
16. 복어맑은탕 완성품(데친 복어 뼈+채소)과 다시물, 야꾸미, 폰즈는 사라모리 작업하여 감독위원에게 반드시 확인을 받고, 냄비에 담아낸다.
17. 복어살은 7cm 길이로 시계 반대방향으로 돌려 담는다.
18. 완성 접시에 복어회, 복어껍질, 미나리, 말린 지느러미를 곁들여 완성한다.
19. 맑은탕은 다시물을 조금씩 넣어가면서 끓인 후 완성한다.
20. 니꼬고리는 완전히 굳으면 동일한 크기로 6등분 내어 접시에 청차조기잎과 함께 곁들여 완성하고, 야꾸미와 폰즈는 따로 담아낸다.

합격 포인트

- 15분 이내 식용부위와 비식용부위 분리를 신속·정확하게 한다.
- 복껍질굳힘(니꼬고리)은 굳힐 용기에 미리 작업을 하여 넉넉한 시간을 투자하여 냉장고에 식혀주어야 잘 굳는다.
- 복어회는 국화꽃모양 이나 학모양 중 선택하여 완성한다.
- 복어맑은탕은 냄비에 넣기 전 사라모리 작업을 하여 반드시 감독위원에게 확인을 받고 냄비에 끓여서 익혀 완성 시킨다.
- 복어 가시 제거 연습을 평소에 많이 하여 감독위원들에게 깊은 인상을 남긴다.

참고문헌

- 엄영호, 주종찬, 황석민, 일식조리, 도서출판 유강, 2013년

- 강현우, 최신 한식요리특선, 도서출판 유강, 2014년

- 강현우, 김지연, 이순옥, 한식조리기능장실기, 도서출판 유강, 2015년

- 강란기, 강병남, NCS기반의 조리실무이론, 도서출판 유강, 2017년

- 강란기, 학복춘, NCS기반의 중식조리실기, 도서출판 유강, 2018년

- 봉준호, 김남근, 강란기, NCS기반의 양식조리실기, 도서출판 유강, 2021년

- 강란기, 천덕상, NCS기반의 한식조리실기, 도서출판 유강, 2021년

한식, 양식, 중식, 일식, 복어
조리산업기사 실기

초판인쇄 | 2022년 1월 24일
초판발행 | 2022년 1월 24일

저　　자 | 강란기, 봉준호, 김욱진
발 행 처 | 도서출판 유강
발 행 인 | 柳麟夏

주　　소 | 경기도 성남시 중원구 상대원동 144-3 우림라이온스밸리 5차 B동 412호
전　　화 | 010-5026-4204
총 무 과 | 031-750-0238
홈페이지 | www.ukang.co.kr

디 자 인 | 옥별
사　　진 | 황익상

ISBN 979-11-90591-27-0

정가 24,000원

잘못된 책은 교환해 드립니다.
저자와 협의하에 인지를 생략합니다.

본책의 무단복제 행위는 저작권법에 의거 5년 이하의 징역 또는 8,000만원 이하의 벌금에 처하거나 이를 병과할 수 있습니다.